掘り炬燵の個室 6名〜12名
接待や顔合わせなど特別な食事会に人気の完全個室

解放感のあるメインダイニング
ゆったりと席を配されたメインダイニングは、2名から団体まで幅広く利用可能

店内見取り図

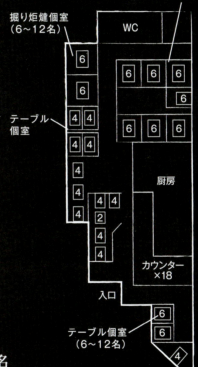

- 座敷（最大50名）
- 掘り炬燵個室（6〜12名）
- WC
- テーブル個室
- 厨房
- カウンター×18
- 入口
- テーブル個室（6〜12名）

テーブル個室 4名
少人数でも個室でゆっくりと過ごせると人気の部屋

テーブル個室 6名〜12名
靴を脱ぎたくない女性に人気のテーブル個室

店内見取り図 2F

大人の焼肉宴会は味はもちろん雰囲気も重視

ワインと共に極上肉を女性に人気の焼肉店

四条寺町という好立地で極上肉が味わえると人気の蔵寺町店。今夏のリニューアルでプライベート感のあるボックス席が誕生し、女子会や接待といった落ち着いた利用にも対応できる焼肉店として生まれ変わった。

厳選して仕入れた肉はホルモンから希少部位まで幅広く揃い、リーズナブルに供される。お肉に合うワインも豊富なので合わせて楽しみたい。宴会なら、定番部位に名物「壷漬けカルビ」、ホルモンまで楽しめる「蔵満足セット3980円（2名より利用可）」がおすすめ。

少し大人な集まりなら厳選された和牛のコース4980円が人気。単品で少しずつ良いお肉を味わいたいなら蔵の匠盛り合せ（6種）2680円もおすすめ

蔵 伏見大手筋店 ついにリニューアル完了

リニューアルしたばかりのこちらでは1Fにボックス席が登場し、落ち着いた雰囲気に。最大30名まで対応可能な2Fと用途で使い分けて。

京ホルモン 蔵 大手筋店
☎075・604・5447
京都市伏見区新町5-494-1
17:00～23:00（LO／22:00）
※金・土・祝 17:00～24:00（LO／23:00）
無休　禁煙席無　完全個室無　P無
http://www.bal-flower.co.jp/

京ホルモン 蔵 四条寺町店
☎075・344・0001
京都市下京区寺町通四条下ル貞安前之町609
11:30～13:30（LO）、
17:00～23:00（LO／22:30）
※金・土・祝前日～24:00（LO／23:00）
無休　禁煙席無　完全個室無　P無
http://www.bal-flower.co.jp/

（右）小グループでの宴会に嬉しい4～8名利用に適した2F席。
（左）一人でも気軽に立ち寄れる1Fカウンター

京都
飲み会Leaf

CONTENTS

4 この本の使い方

4 |COLUMN| 幹事を頼まれる率100％！ Leafスタッフが教える 幹事の心得

6 |COLUMN| Leafスタッフが教える 上手な幹事の頼み方

| 7 |
烏丸・丸太町エリア

34 |COLUMN| これを食べなきゃ終われない 〆の一品

| 35 |
河原町・木屋町・先斗町エリア

62 |COLUMN| いつもと違う楽しみを探して 変わりダネのお店

64 |COLUMN| 昼から乾杯 明るいうちから飲めるお店

| 65 |
祇園エリア

80 |COLUMN| 今夜二軒目は、BARにしよう

| 81 |
京都駅エリア

96 |COLUMN| ちょっと足を伸ばしてでも行きたい！ 京都駅から1駅向こうのお店

| 97 |
二条城周辺・大宮・西院エリア

106 |COLUMN| 路面電車に揺られて行きたい 嵐電沿線の隠れ家

108 |COLUMN| 呑み足りたけど、しゃべり足りないぺちゃくちゃガールズに捧ぐ 夜遅カフェと甘いもの

| 109 |
北山・北大路エリア

116 エリアマップ
122 逆引きインデックス

※表示価格は特に断りのあるもの以外、税込み価格です。
※本誌で掲載している情報は、2016年9月のものです。料金や営業時間などの各データは季節や日時の経過により変わるものもありますのでご注意ください。
※間取り図は一例です。店舗の都合により席の配置が変更される場合があります。
※お盆、年末年始の休みは通常と異なる場合がありますので、各店舗へお問い合わせください。
※掲載されている料理写真はイメージです。仕入れの都合や季節により内容が変更になる場合がございます。予めご了承ください。

各項目の説明
※紹介枠の大きさにより項目内容は異なる

❶エリア
店が位置しているエリアを記載。本書では、特に飲食店の集中している「烏丸・丸太町」「河原町・木屋町・先斗町」「祇園」「京都駅」「二条城周辺・大宮・西院」「北山・北大路」の6つのエリアにある店を紹介している。

❷最寄り駅
徒歩10分圏内の最寄り駅を記載。参加メンバーの集まりやすい駅からお店を選ぶと、集合も解散も楽に。駅名の前の記号は鉄道名を表している。

Ⓙ	…JR
地	…京都市営地下鉄
京	…京阪電車
阪	…阪急電車
近	…近鉄電車
嵐	…京福電車（嵐電）

※最寄り駅出口からの徒歩の所要時間は目安です。出口や歩く速さにより異なります。

❸ジャンル
和食、イタリアン、フレンチ、焼肉といったジャンルを記載。その日の気分やメンバーの好みに合わせてジャンルを選ぼう。

❹平均予算
一人当たりの平均予算の目安を記載。お得なコースを用意している店も多いので「❿コース」も要チェック！※平均予算は内容により変動。

❺店内の間取り図
特別な日はもちろんのこと、会社の宴会などの幹事になったときに間取りを知っているとスマート！靴の着脱があるかどうかも、ブーツを履く女性や、子供連れの家族には重要なポイント。

☐テーブル ☐掘り炬燵 ☐座敷 ☐半個室
☐完全個室 ❢靴の着脱必要

❻席の形態
カウンターにテーブル、完全個室に半個室。希望に応じて机の配置を移動してくれる店も多いので、予約時に相談してみよう。

最大宴会人数00名　1グループで対応できる最大の人数

❼特徴
飲み会の条件や要望になりやすい特徴。巻末のインデックスからも検索できるので活用して。各特徴の基準は下記の通り。

眺めがいい	川沿いにある、眺望が楽しめる、桜や紅葉が見えるなど
京都らしい	町家、京野菜を使用している、京都らしいメニューがあるなど
子供連れ歓迎	キッズメニューや子供用の椅子等の設備がある、飲食物の持ち込み可など。設備がなくても、子供連れでの入店を歓迎している
夜遅	ラストオーダーが23:00以降、あるいは23:00以降に入店可能
駅近	最寄り駅から徒歩5分圏内
飲み放題あり	飲み放題メニューがある

❽シチュエーション
「歓送迎会」「ウエディング」「接待」「デート」「女子会」「おひとり様」「2軒目」など、フロアの広さや席の形態、雰囲気などから、おすすめのシチュエーションを記載。会の目的や雰囲気に合った店かどうかをチェック！

❾雰囲気メーター
「今日はワイワイ盛り上がろう！」「大切な話をしたいからしっとり静かな場所がいい」など、写真だけでは分からないような雰囲気もこのメーターで一目瞭然！行ったことのない店を選ぶときの目安に。

❿コース
コースの金額と品数を記載。コースに飲み放題が含まれている場合には、注釈にて記載があるので要チェック。※時期などにより金額・品数が変動する場合もあるので要問い合わせ。

⓫飲み放題
飲み放題の有無を記載。飲み放題をメニューとして注文できる場合は、金額、ドリンクの種類数、時間を表記している。飲み放題単体でのオーダーが不可でも飲み放題込みのコースがある場合もあるので、コースの内容と併せてチェックして。

⓬ビールの金額・メーカー
飲み会の定番・ビールの単価は、予算に限りがあるときには意外と気になるところ。取り扱いメーカーも表記されているので、ビール好きが集まる際の参考に。

⓭貸し切りの可否
ウエディングの二次会など大規模なパーティをする際、会場探しに苦労する人も多い。貸し切りができる店はパーティの相談に乗ってくれるところが多いので希望を伝えて。

⓮サプライズの可否
誕生日や記念日などサプライズでお祝いしたいときに、対応してくれるかどうかを記載。予約時や主役が席を立ったときに伝えれば、特別メニューの提供や、持参したケーキなどを持ってきてくれる。「持ち込みのみ」など条件がある場合もあるので、事前に対応してくれる内容をしっかり確認しておこう。

⓯人気メニューランキング
人気メニュー（単品）のトップ3！アラカルトで飲食する際、絶対オーダーしておきたい。

---

02 数人の増減は想定を
人数の多い宴会は、前日や当日に急遽参加する人や欠席する人が出てくる場合が多い。前日の段階で人数未定の人がいる場合は、人数を少なく見積もって予約しておくとキャンセル料を支払うリスクが減ります。逆に、急に1〜2人増えることになっても対応してくれるお店は多いですよ。

03 「飲む前集金」が鉄則
宴会が盛り上がり、席も入り乱れ、酔っ払いが続出。結果、誰から会費を徴収したか分からず会計の時に手間取ってしまうと、一気に場がしらけてしまいますよね。全員がシラフの内にきちんと集金しておくのも幹事の役割です。

04 2軒目候補を考えておく
宴会中に盛り上がって急遽二次会決定！というケースも多いので、一次会のお店を予約する際に、その近くに2軒目向きの店があるかを事前に調べておくとスマートです。また、宴会の最後ではなく途中で二次会の有無を決定し、一次会のお開きの時には2軒目の予約を完了していればデキる幹事の仲間入り！

この本の使い方

HOW TO USE

京都には多くの飲食店があるので店探しには事欠かない…かと思いきや、実際は選択肢が多すぎて「本当に希望に合う店がなかなか見つからない」という声も多い。「予算4000円で飲み放題付き」「駅から徒歩すぐ」「完全個室」「貸し切りで50人入れるところ」など、飲み会の数だけ条件も好みも違うもの。本書は、そんな条件や希望に合った店を検索することができる一冊。ぜひ使いこなして、楽しい場をもっと充実させてくれる店を見つけよう。

<例>
「4000円（9品）」
9品目が登場する4000円のコースで飲み放題は付かない

「5000円（11品）※飲み放題込」
11品目が登場する5000円のコースに飲み放題が付く

**「3000円（8品）※飲み放題別
4000円（10品）※飲み放題込」**
8品目が登場する3000円のコースには飲み放題が付かないが、10品目が登場する4000円のコースには飲み放題が付く

<例>
「1500円（10種、120分）」
1500円でドリンク10種類の飲み放題を制限時間120分楽しめる

「飲み放題付のコース有」
飲み放題のみの注文ができない場合であっても、飲み放題込のコースを用意している

幹事の心得

幹事を頼まれる率100%！
Leafスタッフが教える

会社の忘新年会や数人の友人との飲み会など、飲み会をするときに必ずいるのが「幹事」。出欠確認から、店探しに予約、当日の集金など、やることは盛りだくさん！ここでは、幹事を務めるにあたって押さえておきたいポイントを紹介。これさえ出来れば、もういつ頼まれても大丈夫?!

どうせやるならスマートでデキる幹事になりましょう！

**教えるのは…
Leafスタッフ H**

月刊誌『Leaf』を始め、数多くの書籍に携わってきた中堅営業マン。連日、仕事関係の知人やプライベートの友人に幹事や店探しを依頼されるうち、気付けば「幹事マスター(?!)」に。

01 消費税の確認を怠らないこと

例えば会費「5000円」で幹事を任され、ホームページに載っている5000円コースを予約。ところが会計時に、実は「税込5400円」だったことが判明！そうなると予算オーバーな上、追加料金を徴収することになり、気まずい空気になってしまいます。トラブルを避けるために、税込か税別かまでしっかりと確認しておきましょう。

上手な幹事の頼み方
Leafスタッフが教える

京都・滋賀の美味しいお店探しに日々奔走する
Leafスタッフ。当然（？）幹事を任されることも、
お店の紹介を頼まれることも多い。
そんなLeafスタッフの「幹事をしてこれが良かった」、
「頼まれるのはいいけど、これは困る！」という
生の声を集めた。これに気をつければ、
もっとお願い上手になれるかも…？

Scean.1 参加するとき
自分が参加者になるときは、こんなことに注意しよう！

×当日の人数変更
「ドタキャンはキャンセル料を払うのがマナー！」（営業／30代男性）、「当日人数が増えると席の確保が難しくてお店にも迷惑をかける」（営業／40代男性）

×遅刻
「5〜10分の遅刻は乾杯を待ってしまうので、お店にも他の参加者にも迷惑」（営業／30代男性）

×変更が多い
「何度もお店に連絡するのは大変！」（制作／20代女性）

×急な幹事の依頼
「人気店は直前では予約がとれない」（営業／30代男性）、「後からお誘いいただいたのに幹事を頼まれると、『幹事をするために誘われたの…？』と困惑してしまう。言い出しっぺが幹事をするべき！」（制作／30代女性）

●千円札を多めに用意
「大人数の場合お釣りが出ないように千円札を用意してくれると助かる」（営業／30代男性）

●参加の可否は早めに連絡
「人数によっても選ぶお店が変わる」（制作／20代女性）

●飲食マナーに気をつける
「特に幹事の知り合いのお店の場合、今後の付き合いに影響が出るので」（営業／30代男性）

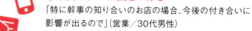

Scean.2 お店探しを依頼するとき
幹事を頼むわけではないけれど、詳しい人に美味しいお店を教えてもらうとき、こんな頼み方をしていないか要チェック。

「いい店ない？」
「え、おすすめはあるけど…どれ言ったらいいん？」

「よく『おすすめの店ない？』と聞かれるけど範囲が広すぎる」（営業／30代男性）という声が多く上がった。なるべく希望に合う店を教えてもらえるよう、条件はしっかり伝えよう。また、「何をもって京都っぽいのかが京都に住んでいると分からない。雰囲気（町家とか）なのか食材なのか、いわゆる京料理なのか…」（制作／30代女性）、「『とにかくオシャレないい感じの店教えて』という頼み方は困る。どんな人を連れて行くのか、ジャンルなどいただけないと提案もしづらい」（制作／20代女性）という、ざっくりとした聞き方も困らせてしまうよう。希望の条件はなるべく、主観的でなく具体的にしよう！

「来週土曜日の夜、学生時代の男友達4人で飲みに行くんやけど、河原町駅周辺でいい店ない？予算は1人4000円くらい。飲み放題はいらんけど日本酒が充実していて、できればしっぽりと落ち着いて話できるような所がいいんやけど。」

具体的な条件を伝えるだけで、あっという間にお店が決まる！

そんならここやな。　酒処りいふ
http://www.leafkyoto.net
日本酒の種類が多いのと、料理も美味いで！個室もあるしゆっくりできるしおすすめ。

【伝えるべき内容】
5W1Hを伝えられたらバッチリ！最低限、希望の「エリア」、「ジャンル」、「予算」くらいは提示しよう。

- ☐ **When いつ**（平日or休日、時間帯）
- ☐ **Who 誰と**（人数、男女、間柄など）
- ☐ **What 何を**（和食、イタリアンなどジャンル）
- ☐ **Where どこで**（最寄り駅やエリア）
- ☐ **Why なぜ**（接待、女子会、デート、打ち上げなど）
- ☐ **How どのくらい**（予算、規模、雰囲気など）

Scean.3 お店に行ったあと
宴会の後や教えてもらったお店に行った後、こんなフォローができるとスマート！

×連絡がない
「聞くだけ聞いて、行ったのか行っていないのかすら連絡がないと、教えた側としてはかなりガッカリする」（制作／30代女性）

●リピーターになる
「自分以上にその店の常連になったり、今後につながる関係性になってもらえたりすると紹介しがいがあるし、みんな喜ぶ」（営業／30代男性）、「気に入ってくれて、また別の機会にそのお店に行ってくれると嬉しい」（制作／30代女性）

●感想を伝える
「自分は行ったことないけど紹介したお店など特に、感想を教えてくれると嬉しい」（制作／30代女性）、「関東の方との懇親会で町家の居酒屋に行き、京都にまつわる料理を注文したら、後日『京都らしさを楽しめました』とメールをもらって嬉しかった」（営業／30代男性）

「親しき仲にも礼儀あり！幹事を頼む側も頼まれる側も気持ちよく飲めるように、最低限のマナーを守ろう。」

KARASUMA / MARUTAMACHI

烏丸・丸太町エリア

京都屈指のビジネス街である烏丸・丸太町エリアは、地元サラリーマンの憩いの場となっている店が集まる美食エリアの一面も。仕事終わりに、すぐに店へ向かえる好立地を利用して、同僚や友達とアフター5を謳歌しよう。

主な最寄駅
・京都市営地下鉄「丸太町」「烏丸御池」「四条」
・阪急電鉄「烏丸」

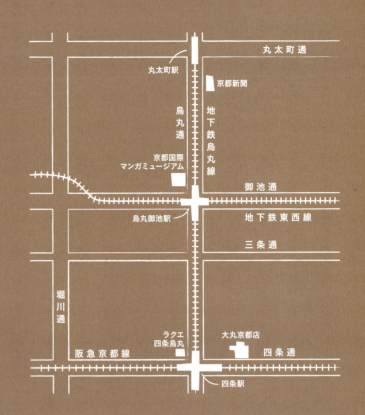

阪 烏丸（徒歩4分）　地 四条（徒歩5分）

ランチのほか、スイーツも充実

創作料理

隈本総合飲食店 MAO

一軒貸し切りもお任せ

カフェから〆まで対応するジョーカー的切り札

ほっと一息やちょっと一杯、がっつり食べたい…どんな気分やシーンにもバシッとハマるオールマイティな一軒。京都・伏見の契約農家から仕入れた新鮮野菜や旬の食材を使用。和食をベースに洋食や中華など、多国籍なアレンジを加えた多彩なメニューで魅了する。

The average budget
平均予算 (1人)
3,500 YEN〜

01. 1Fのソファ席に臨む中庭の奥にある蔵では、貸し切りパーティも可。2Fにはテーブル席も完備　02. 一日一組限定の蔵のコースから、たっぷりの挽肉とクルミの食感がアクセントになったシンプルなボロネーゼ

1F □テーブル ■完全個室　　**2F**

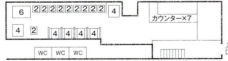

最大宴会人数100名　カウンター 7席 ／ テーブル 2〜12名×26卓 ／ 半個室 無 ／ 完全個室 8〜12名×1室

隈本総合飲食店 MAO
くまもとそうごういんしょくてん マオ

所 京都市中京区東洞院通錦小路上ル元竹田町644
金曜11:30〜15:30 (LO/14:30)、17:30〜23:30 (LO/23:00)
11:30〜15:30 (LO/14:30)、18:30〜23:30 (LO/23:00)
土・日曜、祝日11:30〜23:30 (LO/23:00)
休 不定休　P 無

MAP ▶ P119-04／A2

☎ 075・746・4721

VISA・MasterCard・DC・ダイナースクラブ・AMEX・JCB

時間により禁煙（11:30〜14:00）

SHOP DATA
ショップデータ

京都らしい／子供連れ歓迎／夜遅／駅近／飲み放題あり

SITUATION
歓送迎会　同窓会　ウエディング　接待　女子会

ワイワイ ▼ しっとり

コース	2500円(6品)、3000円(7品) 3500円(8品)
飲み放題	2000円(40種、120分)
ビール	1杯 530円(キリン)、瓶1本 590円(キリン)
貸切	可(40〜100名) ※3日前までに要予約
サプライズ	可 ※前日までに要予約

地 四条(徒歩3分) 阪 烏丸(徒歩5分)　　　　　　　　　　　　　　　　フレンチイタリアン

01.牛下がり肉のローストやアサリと京野菜のボンゴレビアンコなど、フレンチをベースとした料理がずらりと並ぶコース。デザートにはシフォンケーキも登場 02.1Fのメインバンケットからは、灯篭が配された日本庭園が眺められる 03.蔵を改装したVIPルームは14名までのグループで貸切に 04.本日おすすめのお肉料理1630円より、この日はチーズと香味野菜を包み込んだ地鶏のつみれ風ハンバーグステーキがお目見え

Boulangerie cafe dining
Robinson 烏丸　大人の宴会に

悠久の時を経た邸宅で味わうリッチなコース

記念日を華やかに演出したいのであれば、こちらがおすすめ。大正時代に建てられた豪邸を改装した店内は、ペアシートやVIPルームを完備。そして料理は、四季折々の京野菜や京丹波美肌豚など地元食材を使ったイタリアン＆フレンチがテーブルを華やかに彩り、さらに併設の工房で製造した焼き立てパンが食べ放題。大切な人との至福の時間をぜひ！

The average budget
平均予算(1人)
4,500 YEN〜

最大宴会人数120名　カウンター 無／テーブル 2〜16名×30卓／半個室 無／完全個室 16名×1室

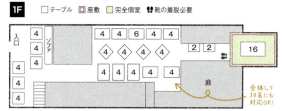

Boulangerie cafe dining Robinson 烏丸
ブーランジェリー カフェ ダイニング ロビンソン からすま
📞 075・353・9707
📍 京都市下京区仏光寺通烏丸西入ル釘隠町238-240
🕐 11：00〜22：00（フードLO／21：00、ドリンクLO／21：30）
金・土・日曜、祝日23：00（フードLO／22：00、ドリンクLO／22：30）
㊡ 無休　Ｐ 無
💳 VISA・MasterCard・DC・ダイナースクラブ・AMEX・JCB
🚭 禁煙席有

MAP▶P119-04／A3

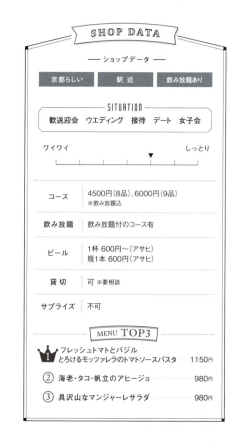

烏丸・丸太町

阪 烏丸（徒歩5分）　地 四条（徒歩6分）

たくさん食べてもヘルシー

日本料理・しゃぶしゃぶ

01. ゆったりとした掘り炬燵式の半個室に加え、60名までが収容可能な完全個室も用意。大人数での宴会に最適 02. シャキシャキとした食感の白ネギや柚子こしょうなど、飽きさせない工夫もばっちり。出汁しゃぶ会席紫草6156円 03. 目でもしっかりと楽しませてくれる色とりどりの季節の食材を使った八寸

瓢斗　京都、しゃぶしゃぶ店の大御所

白豚の旨みを最大限に引き出す秘伝のダシ

全国からもこの味を求めて訪れるという名物のしゃぶしゃぶは、甘みが特徴の鹿児島産の桜島美湯豚を使用。日本料理の技を駆使した五段仕込みのダシにくぐらせ、薬味の白ねぎとからめることでさっぱりとした味に。京都らしさを感じさせる料理の数々を和モダンな空間で味わえるとあって、接待やデートなど"ここぞ"の場面で重宝する一軒だ。

The average budget 平均予算(1人) **6,000 YEN～**

□テーブル ■半個室 ■完全個室

最大宴会人数70名　カウンター 無 ／ テーブル 2～12名×20卓 ／ 半個室 8名×3室 ／ 完全個室 4～12名×4室

大人数でも使える個室

瓢斗
ひょうと

所 京都市中京区室町通錦小路上ル山伏山町550-1
11:30～15:00（LO／14:00）、17:30～22:00（LO／21:00）
金・土曜11:30～15:00（LO／14:00）、17:30～22:30（LO／21:30）
休 無休　P 無

075・252・5775

CARD VISA・MasterCard・DC・ダイナースクラブ・AMEX・JCBなど

禁煙席有
※個室のみ喫煙可

MAP ▶ P119-04／A2

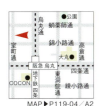

SHOP DATA
ショップデータ

京都らしい　駅近　飲み放題あり

SITUATION
歓送迎会　同窓会　接待　記念日　顔合わせ

ワイワイ　▼　しっとり

コース	3800円（5品）、5700円（6品）※飲み放題別 6000円（4品）※飲み放題込
飲み放題	飲み放題付のコース有
ビール	1杯 600円（アサヒ） 瓶1本 650円（アサヒ、キリン）
貸切	可（～70名）※1ヶ月前までに要予約
サプライズ	可 ※前日までに要予約

MENU TOP3

👑 出汁巻　600円
② 近江牛の和風ローストビーフ　1500円
③ 鶏つくね焼　800円

地 烏丸御池(徒歩9分)　　インパクト大な丸焼き！　　スペインバル

01. 仔豚の丸焼き5万4000円は皮はパリパリ、身は脂っこくなくジューシーでやわらかい。10名程度でのオーダーが最適
02. 京都産地鶏の自家製スモークやスペイン風オムレツ、旬魚のムースなどおつまみタパス盛り8種(写真は2人前)
03. 店奥にある完全個室はブラウンを基調にしたシックで落ち着く空間。周囲を気にせず楽しい時間を

EL BOGAVANTE 346　本場仕込みの美食バル

セコビア名物料理とワインでご機嫌な夜を

バルセロナで修業を積んだ荒川シェフによる本場仕込みの料理とリーズナブルな60種以上のスペインワインが楽しめるガストロバル。名物は日本で食べる機会が少ないセコビア産仔豚の丸焼き。丸焼きだけに、少し驚きのルックスだが、旨みがぎゅっと詰まった肉は必食。仔豚料理に合う専用のワインが半額になる特典が嬉しい。

The average budget
平均予算(1人)
4,500 YEN〜

SHOP DATA
ショップデータ

夜遅　飲み放題あり

SITUATION
歓送迎会　同窓会　記念日　デート　女子会

ワイワイ　　　　　しっとり

コース	4050円(8品込)、5940円(8品) ※飲み放題込、4名より要予約
飲み放題	飲み放題付のコース有
ビール	1杯 540円〜(キリン)
貸切	可(6〜12名) ※前日までに要予約
サプライズ	可 ※持ち込みのみ

飲み放題付きのお得なコース

MENU TOP3
① おつまみタパス盛り合せ8種／1人前　1242円
　※2人前よりオーダー可
② マッシュルームのアヒージョ　648円
③ オマール海老のパニージャ　2538円

MAP ▶ P121-05／B1

EL BOGAVANTE 346
エル ボガバンテ サンヨンロク

京都市中京区三条通西洞院西入ル塩屋町53
ORYZA三条西洞院1F

☎ 075・255・9892

12:00〜14:30(LO)、18:00〜23:00(LO)
月・木曜18:00〜23:30(LO)

月曜不定休　無

VISA・MasterCard・
DC・ダイナースクラブ・
AMEX・JCB

全席禁煙

地 烏丸御池（徒歩5分） イタリアン

CINQUE IKARIYA

伊郷土料理に舌鼓

美酒にマッチする炭焼き&クラフトパスタ

生パスタは常時6種類が揃う

人気ビストロ[イカリヤ食堂]の5号店で楽しめるのは、シェフが研鑽を積んだトスカーナの郷土料理に、アレンジを加えた本格イタリアン。手打ち生パスタをはじめ、ハンバーグや鴨などの炭焼きメニューを、イタリアワインや店主セレクトの日本酒と共に堪能したい。

01.牛イチボ肉のビステッカ モンタルチーノ1580円。ガーリックやローズマリーの芳醇な香りが一層食欲をそそる　02.町家を活かした店内を、モノクロの写真や意匠を凝らしたレトロな鏡がモダンな雰囲気へと昇華する

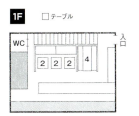

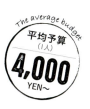

最大宴会人数22名　カウンター 無 ／ テーブル 2～4名×13卓 ／ 半個室 無 ／ 完全個室 無

平均予算（1人）**4,000 YEN～**

CINQUE IKARIYA
チンクエ イカリヤ
所 京都市中京区姉小路通室町西入ル突破町138-3
時 17：00～24：00（LO）
土・日曜、祝日11：30～15：00（LO／13：30）
17：00～24：00（LO）
休 月曜（祝日の場合は営業、翌日休）　P 無
MAP▶P119-04／A1

📞 075・708・6815
CARD VISA・MasterCard・DC・ダイナースクラブ・AMEX・JCB
全席禁煙

SHOP DATA
ショップデータ

| 京都らしい | 夜 遅 | 駅近 | 飲み放題あり |

SITUATION
歓送迎会　記念日　デート　女子会　2軒目

ワイワイ　▼　しっとり

コース	3600円（7品）、4600円（8品） 5600円（8品）
飲み放題	2000円（25種、120分）
ビール	1杯 600円（キリン）
貸切	可（1～22名）
サプライズ	可 ※前日までに要予約

地 烏丸御池（徒歩2分） イタリアン

LEGGIERO

気軽にイタリアン宴会

コスパの高い贅沢イタリアンを満喫

一人でも気軽に立ち寄れるアットホームなカジュアルイタリアン。コースは財布にやさしい価格なのに、伊勢海老や和牛といった素材を用いた料理が味わえる。料理同様リーズナブルなグラスワインはなんと500円。パティシエ出身のシェフが手掛けるデザートも見逃せない。

01.自家栽培のバジルを使った真蛸のジェノベーゼ900円、ハーブとスパイスを利かせた豚肩肉のポルケッタ1400円　02.イチゴと数種類のベリーをトッピングした季節のタルト550円。他にもガトーショコラやムース系も

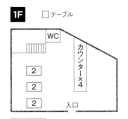

最大宴会人数15名　カウンター 4席 ／ テーブル 2～4名×8卓 ／ 半個室 無 ／ 完全個室 無

平均予算（1人）**2,500 YEN～**

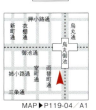

LEGGIERO
レジェーロ
所 京都市中京区姉小路通烏丸西入ル場之町588
時 7：00～23：00（LO／22：30）
休 日曜　P 無
MAP▶P119-04／A1

📞 075・256・3434
CARD 不可
時間により禁煙（15：00～18：00）

SHOP DATA
ショップデータ

| 駅近 | 飲み放題あり |

SITUATION
歓送迎会　同窓会　デート　女子会　おひとり様

ワイワイ　▼　しっとり

コース	3500円（6品）、4000円（7品） ※飲み放題込
飲み放題	飲み放題付のコース有
ビール	1杯 550円～（アサヒ） 瓶1本 650円（キリン）
貸切	可（5～30名）
サプライズ	可 ※2日前までに要予約

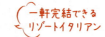 地 四条（徒歩3分） 阪 烏丸（徒歩3分）

イタリアンカフェ・バー

Sala Suite Caffe
Rucola

一軒完結できるリゾートイタリアン

絶好のロケーションが二人きりの甘い夜を演出する

地下の扉の奥に広がるラグジュアリーな洋の空間。旬の魚介をふんだんに使用した絶品イタリアンは、キャンバスに描かれた名画のように色鮮やかで美しい料理ばかり。さらにソムリエが選ぶワインやバーテンダーが作るカクテル、バリスタのコーヒーなど、バーとしても利用できる。

テラス席にはなんと滝が
01. 地下に位置する店内は街の喧騒を忘れさせてくれるほどに落ち着いた雰囲気。ゆったりとした席の配置も嬉しい
02. 濃厚な甘みが特徴のマルサラソースがかかった仔牛の赤身肉とフォアグラのロッシーニ風仕立てなど季節のメニューも豊富

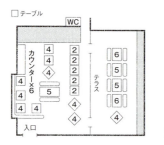

平均予算（1人）
3,000 YEN〜

最大宴会人数70名　カウンター 6席 ／ テーブル 2〜6名×20卓 ／ 半個室 無 ／ 完全個室 無

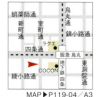
MAP ▶ P119-04／A3

Sala Suite Caffe Rucola
サラ スイート カフェ ルーコラ

📞 075・353・9955

🏠 京都市下京区室町通四条下ル鶏鉾町491 池坊短期大学内B1F
🕐 11:30〜16:00（LO／15:30）
月〜土曜18:00〜翌2:00（LO／翌1:00）
日曜・祝日18:00〜23:00（LO／22:00）
🈑 無休　Ｐ無
💳 VISA・MasterCard・DC・ダイナースクラブ・AMEX・JCB
🚭 時間により禁煙（11:30〜16:00）

SHOP DATA
— ショップデータ —

子供連れ歓迎　夜遅　駅近　飲み放題あり

SITUATION
歓送迎会　ウエディング　記念日　デート　女子会

ワイワイ ——————▼—— しっとり

コース	2870円（6品）、5140円（7品）
飲み放題	1540円（38種、120分）
ビール	1杯 670円（アサヒ）、瓶1本 670円（キリン）
貸切	可（40〜120名）※1週間前までに要予約
サプライズ	可 ※3日前までに要予約

 阪 烏丸（徒歩5分） 地 四条（徒歩7分）

イタリアンバル

DANIEL'S Sole

ちょっとしたパーティに

ゴキゲン気分を高めるイタリアンバル

路地奥にひっそりと佇むバル。卵を練り込んだモッチモチの生パスタや窯焼きピッツァをはじめ、肉本来の旨みがギュッと詰まった生ハムなどのシャルキュトリーも充実。本場イタリアを思わす陽気な雰囲気の中、ワインやビールと絶品ディッシュに酔いしれよう。

野菜もたっぷり
01. 開放的なテーブルのほか、個室、テラス席、バール席などさまざまなシチュエーションに応じて使い分けできる　02. 旬の野菜をふんだんに使用した人気メニュー、前菜盛り合わせ1814円。ハーフサイズでのオーダーも可

平均予算（1人）
3,500 YEN〜

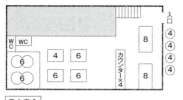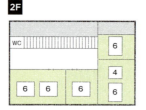

最大宴会人数80名　カウンター 4席 ／ テーブル 4〜8名×18卓 ／ 半個室 無 ／ 完全個室 4〜12名×4室

MAP ▶ P119-04／B2

DANIEL'S Sole
ダニエルズ ソーレ

📞 075・744・1588

🏠 京都市中京区高倉通錦小路上ル貝屋町567
🕐 11:30〜15:00（LO／14:00）
17:30〜23:00（LO／22:00）
土・日曜、祝日11:30〜23:00（LO／22:00）
🈑 無休　Ｐ無
💳 VISA・MasterCard・DC・ダイナースクラブ・AMEX・JCBなど
🚭 禁煙席有

SHOP DATA
— ショップデータ —

子供連れ歓迎　駅近　飲み放題あり

SITUATION
打ち上げ　ウエディング　デート　女子会　2軒目

ワイワイ ———▼——————— しっとり

コース	4200円（6品）、5000円（7品）6300円（8品）※飲み放題込
飲み放題	飲み放題付のコース有
ビール	1杯 400円〜（キリン）
貸切	可（40〜80名）※2日前までに要予約
サプライズ	可 ※前日までに要予約

[地]四条（徒歩5分） [阪]烏丸（徒歩5分）

カジュアルイタリアン

PASTA Collection & Bar
道月 neo

必食 オリジナルパスタ

ワインがすすむ生パスタ＆技巧派アテ

100余年の歴史を持つ[淡路製麺]の特注麺を使ったパスタメニューに加え、自家製フォアグラのテリーヌやハム、パテ・ド・カンパーニュなど、丁寧な仕事が光るアテも抜かりなし。バル遣いもできるとあって、2軒目の切り札として重宝すること間違いなし！

01.使いやすいテーブル席のほか、マスターとのトークも弾むカウンター席も 02.自家製の肉盛りおまかせ三種(1人前)980円は、スサーナトロンテスの白ワインですっきりと味わうのがおすすめ

□テーブル □座敷 □半個室 □完全個室 ■靴の着脱必要

完全個室も半個室も完備

最大宴会人数14名 カウンター 7席 ／ テーブル 2〜14名×10卓 ／ 半個室 2〜4名×4室 ／ 完全個室 2〜7名×1室

The average budget
平均予算 (1人)
3,500 YEN〜

PASTA Collection & Bar 道月 neo
パスタ コレクション アンド バー どうげつ ネオ

📍 京都市下京区東洞院通綾小路下ル扇酒屋町279-2 リリィビル1F
🕐 11：30〜15：00 (LO／14：00)
　 18：00〜24：00 (LO／23：30)
休 不定休　P 有(10台)

MAP▶P119-04／A3

📞 075・341・7377

CARD VISA・MasterCard・AMEX・JCB

禁煙席有
※カウンターのみ喫煙可

SHOP DATA — ショップデータ —

| 子供連れ歓迎 | 夜遅 | 駅近 | 飲み放題あり |

SITUATION 打ち上げ 歓送迎会 記念日 女子会 2軒目

ワイワイ ▼ しっとり

コース	2500円〜(7品)※飲み放題別 4000円〜(7品)※飲み放題込
飲み放題	飲み放題付のコース有
ビール	1杯 580円(サントリー)、瓶1本 700円(アサヒ)
貸切	不可
サプライズ	可

[阪]烏丸（徒歩6分） [地]四条（徒歩7分）

サク飲みメニューもスタンバイ

フレンチイタリアン

Bistro waraku
四条柳馬場店

気軽に寄れるビストロで一杯

カスタム自在な肉＆野菜の絶品コース

カジュアルにふらっと立ち寄れるビストロ。人気のコース料理は、自家農園で採れた新鮮な野菜を使った温野菜をはじめ、パスタorピザ、ステーキなどが楽しめる。世界各地から厳選したワインを片手に、みんなで思いっきり宴会を楽しもう！

01.選べるフード3品、前菜盛り、野菜スティック、本日の魚料理など、全6品がセットになったお得な4000円コース。+500円でフォアグラ料理を追加することも可能 02.席幅が広々としているので、周りを気にせずゆったりと寛げる 03.豊富な品揃えを誇るワインの他、カクテルなども充実

□テーブル

最大宴会人数70名 カウンター 10席 ／ テーブル 2〜6名×12卓 ／ 半個室 無 ／ 完全個室 無

The average budget
平均予算 (1人)
4,000 YEN〜

Bistro waraku 四条柳馬場店
ビストロ ワラク しじょうやなぎのばんばてん

📍 京都市中京区柳馬場通錦小路下ル瀬戸屋町470-2 錦柳ビル1F
🕐 12：00〜翌2：00 (LO／翌1：30)
　 日曜、祝日12：00〜24：00 (LO／23：30)
休 無休　P 無

MAP▶P119-04／B2

📞 075・212・9896

CARD VISA・MasterCard・DC・ダイナースクラブ・AMEX・JCB

禁煙席有

SHOP DATA — ショップデータ —

| 夜遅 | 飲み放題あり |

SITUATION 打ち上げ 同窓会 デート 合コン 女子会

ワイワイ ▼ しっとり

コース	4000円(6品)、5000円(8品) ※飲み放題込
飲み放題	飲み放題付のコース有
ビール	1杯 550円(アサヒ)、瓶1本 600円(キリン)
貸切	可(45〜70名) ※1週間前までに要予約
サプライズ	可 ※前日までに要予約

[地] 烏丸御池（徒歩10分）

浮島ガーデン 京都

体を気遣うあの人と

翌日に残りにくいのもポイント

ベジタリアン・野菜料理

大地の恵みに感動するヴィーガン料理

精進料理のように動物性食材は使わず、穀物や野菜で肉や魚の風味を再現したヴィーガンフードが楽しめるこちら。京都や近郊で採れた有機栽培の無農薬野菜、穀物、本醸造の調味料を使用。奥深く洗練された味わいの皿には、すっきりとした自然派ワインがよく合う。

01.女性スタッフが笑顔で迎えてくれるカウンター。最高級の利尻昆布や干し椎茸でとったダシの上品な香りで、ワインがすすむ　02.雑穀のひえを使い、白身魚を再現した一皿。精進おさかなフライ1600円　03.無農薬・有機栽培で育てられたブドウだけで造られた自然派ワイン。あっさりとした飲み口で女性に大人気。グラス700円〜

□テーブル　■座敷　■完全個室　■靴の着脱必要

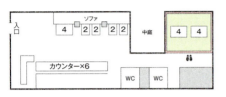

The average budget
平均予算（1人）
4,000 YEN〜

最大宴会人数15名　カウンター 6席 ／ テーブル 2〜4名×7卓 ／ 半個室 無 ／ 完全個室 4〜8名×1室

浮島ガーデン 京都
うきしまガーデン きょうと

[所] 京都市中京区富小路通六角上ル朝倉町543
[時] 17:00〜23:00（LO／22:00）
[休] 不定休　[P] 無

📞 075・754・8333

CARD VISA・MasterCard・AMEX
全席禁煙

MAP ▶ P119-04／B2

SHOP DATA
ショップデータ

京都らしい

SITUATION
打ち上げ　同窓会　デート　女子会　おひとり様

ワイワイ ——————▼—————— しっとり

コース	3000円(6品)、4800円(8品)
飲み放題	無
ビール	1杯 700円（サントリー）
貸切	可（〜8名）※3日前までに要予約
サプライズ	可 ※3日前までに要予約

[地] 烏丸御池（徒歩9分）

モダンとクラシックが高次元で融合

イタリアンカフェ

ベーカリー & イタリアン

three* 京都三条店

二次会やパーティにも

焼きたてベーカリーと色鮮やかなイタリアン

『料理の鉄人』に最年少で出演し、現在ではシンガポールなど海外で活躍する坂井謙介氏プロデュースの一軒。全ての料理に焼きたてパンの食べ放題が付くプチ贅沢が嬉しい。西海岸をイメージし、野菜をふんだんに使用した自然派イタリアンは、インスタジェニックゆえ女子会にも最適！

01.全97席の広々としたレストラン・カフェ。ウッドを基調にしたモダンな雰囲気の内装にも注目！　02.新鮮な野菜と旬の食材を使った前菜盛り合わせ。味はもちろん、見栄えにも感動する

□テーブル　■完全個室

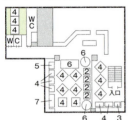

The average budget
平均予算（1人）
3,000 YEN〜

最大宴会人数120名　カウンター 無 ／ テーブル 2〜8名×27卓 ／ 半個室 無 ／ 完全個室 4〜10名×1室

ベーカリー & イタリアン three* 京都三条店
ベーカリー アンド イタリアン スリー きょうとさんじょうてん

[所] 京都市中京区富小路通三条上ル福長町101 サクラアネックスB1F
[時] ランチ11:30〜15:00、カフェ15:00〜17:30
　　ディナー17:30〜22:30（LO／21:30）
[休] 月曜 ※12月は無休　[P] 無

📞 075・212・1150

CARD VISA・MasterCard・DC
禁煙席有

MAP ▶ P119-04／B1

SHOP DATA
ショップデータ

飲み放題あり

SITUATION
打ち上げ　歓送迎会　同窓会　ウエディング　女子会

ワイワイ ——————▼—————— しっとり

コース	2980円〜(6品)、3980円〜(7品) ※税別
飲み放題	1000円(60種、120分) ※税別
ビール	1杯 630円〜（サッポロ）※税別
貸切	可（30〜120名）
サプライズ	可 ※前日までに要予約

14

阪 烏丸（徒歩6分）　地 四条（徒歩8分）

イタリアン

Trattoria
La Pace

歓送迎会でも人気！

数多くの食通を唸らせる骨太イタリアン

イタリアの郷土料理にアレンジを加えたビストロ顔負けのメニューが味わえると話題の隠れ家トラットリア。生ウニをソースに用いた濃厚なパスタや、和歌山産イノシシを使ったジビエメニューなど、素材を活かした料理に、お酒のピッチも自ずと早まってしまいそう。

01.黒板には、カジュアルな店内からは想像がつかないほどの本格的なメニューがずらり　02.モチモチのパスタが堪らない特製生ウニのクリームソース自家製手打ちタリアテッレ1598円

最大宴会人数20名　カウンター 6席 ／ テーブル 2～4名×11卓 ／ 半個室 無 ／ 完全個室 無

Trattoria La Pace
トラットリア ラ パーチェ

京都市中京区堺町通錦小路上ル菊屋町531
11：30～15：00（LO／14：00）
17：30～23：00（LO／22：00）
不定休　P 無
MAP▶P119-04／B2

平均予算（1人）
4,000 YEN～

☎ 075・255・1195

VISA・MasterCard・DC・ダイナースクラブ・AMEX・JCBなど
時間により禁煙（11：30～15：00）
※17：30～23：00はカウンターのみ喫煙可

SHOP DATA ショップデータ

飲み放題あり

SITUATION
打ち上げ　歓送迎会　同窓会　記念日　合コン

ワイワイ ←―――――▼―→ しっとり

コース	3800円（5品）、4500円（5品）
飲み放題	1500円（30種、120分） 2000円（30種、150分）
ビール	1杯 550円（ハイネケン） 瓶1本 600円（キリン）
貸切	不可
サプライズ	可 ※前日までに要予約

イタリア産ワインの種類も豊富

地 烏丸御池（徒歩1分）

カジュアルイタリアン

SEKAIYA

オーガニックワインの種類の多さはピカイチ

ありきたりなイタリアンバルに飽きたならココ

グリーンに囲まれたガラス張りのエントランスが入りやすさ抜群のこちら。供される料理のラインナップのベースはイタリアン。しかし和食やカレーといった、店名の通り「世界」の料理も楽しめ、店の懐の深さが感じられる。豊富なメニューの中でも看板メニューの炭焼き料理＆ビオワインは必食！

カジュアルに遭える本格イタリアン

01.1Fはおひとり様にも最適なカウンター席。2Fはみんなでワイワイ楽しめるテーブル席をセット　02.常連客が必ず頼むという特大自家製ソーセージ1000円は、150gとボリューム満点。養老豚のジューシーな旨みが溢れ出す

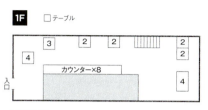
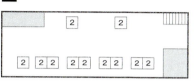

最大宴会人数50名　カウンター 8席 ／ テーブル 2～4名×18卓 ／ 半個室 無 ／ 完全個室 無

平均予算（1人）
3,800 YEN～

SEKAIYA
セカイヤ

京都市中京区錦小路通室町東入ル占出山町301-1
18：00～翌1：00（LO／フード24：00、ドリンク24：30）
無休　P 無
MAP▶P119-04／A2

☎ 075・257・3447

VISA・MasterCard・DC・ダイナースクラブ・AMEX・JCBなど
禁煙席有

SHOP DATA ショップデータ

夜遅　駅近　飲み放題あり

SITUATION
打ち上げ　歓送迎会　デート　合コン　女子会

ワイワイ ←―▼―――――→ しっとり

コース	4000円（7品）、5000円（8品） 6000円（9品）※飲み放題込、予算に合わせて応相談
飲み放題	飲み放題付のコース有
ビール	1杯 600円（ハートランド）
貸切	可（24～50名）※1週間前までに要予約、2Fのみ
サプライズ	可 ※前日までに要予約

地 烏丸御池（徒歩6分） 居酒屋

Apollo PLUS

洗練された居酒屋で宴

食通を魅了する進化形居酒屋メニュー

食通のファンも多い名店。「たかが居酒屋されど居酒屋」を目指すこちらは、毎朝仕入れる上賀茂の野菜のほか、A4ランク以上の国産牛や美山の卵など一級の素材をセレクト。それらを活かし、刺身や天ぷら、カツ、餃子など縦横無尽な料理で舌を楽しませてくれる。

01.料理人との軽快なトークもこちらの名物。平日・休日を問わず、活気と笑顔に満ち溢れている　02.明太子パスタ1620円。最高級の明太子を贅沢に使用したソースは、プチプチとした食感とクリーミーなコクがクセになる

2F □テーブル ■座敷 ■完全個室 ■靴の着脱必要　**3F**

最大宴会人数24名　カウンター 8席／テーブル 2～6名×16卓／半個室 無／完全個室 4～6名×2室

The average budget (1人)
平均予算 4,500 YEN～

MAP ▶ P119-04／B1

Apollo PLUS
アポロ プラス

住 京都市中京区三条通堺町東入ル桝屋町67 NEOS三条2F・3F
時 17:00～24:00（フードLO／23:00、ドリンクLO／23:30）
休 無休　P 無

📞 **075・253・6605**

CARD VISA・MasterCard・DC・ダイナースクラブ・AMEX・JCBなど
禁煙席有

SHOP DATA
— ショップデータ —

京都らしい	子供連れ歓迎	夜遅	飲み放題あり

SITUATION
打ち上げ　記念日　デート　合コン　女子会

ワイワイ ▼ しっとり

コース	4500円（10品）※飲み放題別 5000円（10品）、5500円（10品）※飲み放題込
飲み放題	飲み放題付のコース有
ビール	1杯 550円（キリン）／瓶1本 640円（キリン）
貸切	不可
サプライズ	可 ※前日までに要予約

地 烏丸御池（徒歩6分） 日本酒専門店・和食

馳走 いなせや

地鶏料理と酒に舌鼓

目利きが光る和会席で今宵は一献

丹波地どりや四季折々の野菜を使った料理とともに日本酒が楽しめる一軒。店主が信頼を置く生産者や蔵元へ足を運び、厳選した素材の味や食感に加え、見た目の美しさも最大限に活かした皿には、和食の粋が凝縮。百聞は一見に如かず、まずは会席からが正解。

01.吉野杉の一枚板を構えるカウンターや庭園に囲まれたテーブル席など、シチュエーションによって使い分けできる
02.しっかりとした歯ごたえの地鶏とたっぷりの九条ねぎを甘辛いダシで煮込んだ、地鶏すきやき1940円

The average budget (1人)
平均予算 6,000 YEN～

1F □テーブル ■座敷 ■半個室 ■完全個室 ■靴の着脱必要　**2F**

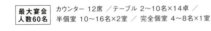

最大宴会人数60名　カウンター 12席／テーブル 2～10名×14卓／半個室 10～16名×2室／完全個室 4～8名×1室

MAP ▶ P119-04／B1

馳走 いなせや
ちそう いなせや

住 京都市中京区柳馬場通三条上ル油屋町93
時 11:30～14:30（LO／14:00）
　 17:00～23:00（LO／22:30）
休 不定休　P 無

📞 **075・255・7250**

CARD VISA・MasterCard・DC・ダイナースクラブ・AMEX・JCB
全席禁煙

日本酒は常時30～40種をストック

SHOP DATA
— ショップデータ —

眺めがいい	京都らしい	飲み放題あり

SITUATION
同窓会　ウエディング　接待　記念日　おひとり様

ワイワイ ▼ しっとり

コース	5400円（8品）、7560円（10品）
飲み放題	1800円（10種、120分） 2700円（10種、180分）
ビール	1杯 700円（サッポロ）／瓶1本 700円（サッポロ）
貸切	可（10～30名）※1週間前までに要予約
サプライズ	可 ※1週間前までに要予約

地 烏丸御池（徒歩5分） 炭火串焼

烏丸・丸太町
KARASUMA/MARUTAMACHI

河原町・木屋町・先斗町
KAWARAMACHI/KIYAMACHI/PONTOCHO

カウンターは掘り炬燵式
01

風流な眺めにうっとり
02

03

04

01.備長炭とタレの香ばしい匂いが食欲を掻き立てるカウンター　02.建物の一番奥に鎮座する坪庭。灯籠や庭石などが配された空間。その他、茶室風の小粋な隠れ家個室も備えられている　03.串焼きだけでなく、旬の味覚を楽しめるメニューも。朴葉焼きは和牛ヘレと季節の野菜を目の前で焼き上げる一品　04.炭火でじっくり焼かれた鶏は、噛みしめるほどに肉汁が溢れ出す

祇園 GION

炭火串焼き 串くら 本店　歴史ある空間で美食を

古を現代に伝える京町家で味わう

築100余年の呉服店を改装した町家レストランの先駆け的一軒。23年前の創業当時と変わらぬ製法で作られたタレにじっくり漬けこんだ焼き鳥をはじめ、京野菜や生麩、湯葉など、京都らしい食材を使った伝統的な料理が味わえるとあって観光客にも大人気。風情ある和の空間で、串に杯にと時間を忘れて贅沢なひとときを堪能しよう。

The average budget
平均予算（1人）
4,500 YEN〜

京都駅 KYOTO STATION

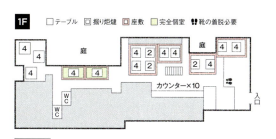
1F　□テーブル　□掘り炬燵　□座敷　□完全個室　●靴の着脱必要
2F
最大宴会人数28名　カウンター 10席／テーブル 2〜4名×22卓／半個室 無／完全個室 2〜4名×3室

二条城周辺・大宮・西院 NIJO CASTLE/OMIYA/SAIIN

炭火串焼き 串くら 本店
すみびくしやき くしくら ほんてん

📞 075・213・2211

所 京都市中京区高倉通御池上ル柊町584
時 11:30〜14:30（LO/14:00）
　 17:00〜22:30（LO/21:45）
休 無休　P 有（4台）
VISA・MasterCard・DC・ダイナースクラブ・AMEX・JCB
禁煙席有

MAP▶P119-04／B1

北山・北大路 KITAYAMA/KITAOJI

SHOP DATA
― ショップデータ ―

| 眺めがいい | 京都らしい | 子供連れ歓迎 | 駅近 | 飲み放題あり |

― SITUATION ―
歓送迎会　同窓会　接待　商談　デート

ワイワイ　▼　しっとり

コース	3500円（10品）、4500円（12品） 5500円（13品）
飲み放題	2100円（24種、120分） ※コース注文時のみオーダー可
ビール	1杯 650円（サントリー） 瓶1本 600円（サントリー）
貸切	不可
サプライズ	不可

― MENU TOP3 ―

👑 串くら鶏　900円
② 鳥塩ラーメン　600円
③ 出し巻き玉子　700円

17

四条(徒歩3分)  烏丸(徒歩5分)

燻製の他に釜飯も絶品！

燻製居酒屋

烏丸・丸太町
KARASUMA/MARUTAMACHI

01. 1Fにはカウンター、2Fには座敷を備えているので、さまざまなシーンによって使い分けができる　02. 大正時代に建てられた町家をリノベーションした風情ある佇まい。大人のデートに最適　03. 甘辛い手羽先、はんぺん、季節の鮮魚が一皿になった燻製おまかせ三種盛り1050円。スモーク料理を食すなら、まずはこちらがおすすめ！　04. 燻製ホタテと九条ねぎのヌタ仕立て842円。ホタテとサーモン、九条ねぎが三位一体となった酒泥棒な濃い味

燻

デートに最適なムード

大人をホロッと酔わせる薫香漂う逸品

薄明りの間接照明がムーディな空間を演出する、こちらの目玉は、店名よろしく"燻"製料理。チーズや魚介類などスモークの定番モノから、湯葉や餃子といった一風変わった素材までをスタンバイ。ヒッコリーチップの芳醇な香りをまとい旨みがギュッと凝縮したアテの数々は、1軒目のみならず締めの変化球としても活躍すること請け合いだ。

The average budget
平均予算 (1人)
4,000 YEN〜

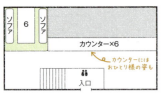
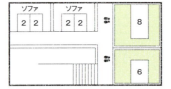

最大宴会人数10名　カウンター6席／テーブル2〜8名×7卓／半個室 無／完全個室 6〜8名×3室

燻 けむり

📞 075・361・6664

㊤ 京都市下京区綾小路通室町西入ル善長寺町128
🕐 17:00〜23:00 (LO／22:30)
㊡ 日曜　Ⓟ 無
💳 VISA・MasterCard・JCB
🚭 禁煙席無

MAP ▶ P119-04／A3

SHOP DATA
ショップデータ

京都らしい　子供連れ歓迎　駅近　飲み放題あり

SITUATION
歓送迎会　同窓会　デート　女子会　おひとり様

ワイワイ　　　　　しっとり

コース	3580円(7品) ※飲み放題込
飲み放題	飲み放題付のコース有
ビール	1杯 590円(キリン)、瓶1本 640円(キリン)
貸切	不可
サプライズ	可 ※前日までに要予約

MENU TOP3

① 燻製おまかせ盛り　　　　1050円
② 厚切りベーコン　　　　　 750円
③ 燻製生麩の田楽　　　　　 590円

阪 烏丸(徒歩1分)　地 四条(徒歩3分)

創作料理

電氣食堂

予想を覆す料理の数々

衝撃がビリッと走る先鋭コース料理

最先端の調理方法を駆使したコース料理一本で、界隈を賑わす隠れ家。燻煙を閉じ込めた前菜と、のっけから度肝を抜くパフォーマンス。全国各地から厳選した食材を使い、絶妙なさじ加減でひとひねりを加えた創作メニューには、心躍る魅惑の新体験が待っている！

平均予算(1人) 5,000 YEN〜

01.料理人たちの華麗な手さばきに、自ずと味への期待もグーンと高まるコの字型カウンター　02.斬新なアレンジが効いた一品が続くコース。厳選したワインを片手に楽しんで！

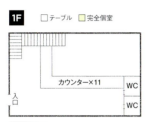 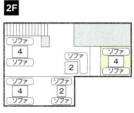

奥まった路地にある隠れ家

最大宴会人数12名　カウンター 11席 ／ テーブル 2〜4名×5卓 ／ 半個室 無 ／ 完全個室 2〜4名×1室

電氣食堂
でんきしょくどう

📞075・351・2288

京都市下京区四条高倉下ル一筋目西入ル高材木町221-3
12:00〜15:00(LO/13:30)
17:30〜23:00(LO/21:00)
水曜　P有(1台)
VISA・MasterCard・DC・ダイナースクラブ・AMEX・JCBなど
全席禁煙

MAP▶P119-04／B3

SHOP DATA — ショップデータ —

京都らしい	駅近

SITUATION
歓送迎会　接待　記念日　デート　女子会

ワイワイ ———————▼ しっとり

コース	昼 3024円(11品) 夜 4210円(11品)
飲み放題	無
ビール	1杯 378円(アサヒ)
貸切	不可
サプライズ	不可

阪 烏丸(徒歩1分)　地 四条(徒歩1分)

和食居酒屋

輝庭

大人数でも個室で宴会！

日本の美酒と鮮魚を心ゆくまで堪能

全国の名港から直送便で届いた旬の魚介で有名な一軒。品書きには、腕利きの料理人がさばく刺身や鍋が並ぶほか、丹波高原育ちの京美豚を使った豚しゃぶコースなど、デートや接待、宴会とあらゆるシーンで使えるメニューが目白押し。豊富に揃う日本酒にも注目。

01.大きな生け花をぐるっと囲むようにして個室が並ぶ座敷席。最大50名の大宴会が可能！　02.前菜から造り、デザートまでしっかり楽しめる京美豚のしゃぶしゃぶコース3800円(写真は2人前)。あっさりとした肉質ゆえ何枚でもイケる　03.旬魚豪快桶盛り造り七種1580円。鮮魚の弾むようなプリプリとした食感も楽しんで

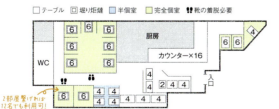

2部屋繋げれば12名でも利用可！

平均予算(1人) 3,500 YEN〜

最大宴会人数50名　カウンター 16席 ／ テーブル 2〜4名×24卓 ／ 半個室 2〜4名×4室 ／ 完全個室 2〜6名×12室

輝庭
かがやきてい

📞075・253・1799

京都市下京区烏丸通四条下ル水銀屋町612 四条烏丸ビルB1F
11:00〜14:30(LO/14:00)
月〜木・日曜、祝日17:00〜23:00(LO/22:00)
金・土曜、前日17:00〜24:00(LO/23:00)
無休　P無
VISA・MasterCard・AMEX・JCBなど
禁煙席有

MAP▶P119-04／A3

SHOP DATA — ショップデータ —

京都らしい	夜遅	駅近	飲み放題あり

SITUATION
歓送迎会　接待　デート　女子会　おひとり様

ワイワイ ———▼——— しっとり

コース	3800円(8品)、4800円(9品) 5800円(9品)
飲み放題	1200円(11種、120分) ※コース注文時のみオーダー可
ビール	1杯 580円(キリン)
貸切	可
サプライズ	可 ※2日前までに要予約

地 四条（徒歩4分） 阪 烏丸（徒歩4分）

創作居酒屋

01.大きく"匙"と書かれた暖簾をくぐると現れる広々とした空間。座敷席は掘り炬燵式ゆえ、足が楽にできるのも嬉しいポイント 02.10種類以上の具材から選べる釜飯。写真はサーモンときのこのバター醤油釜飯860円。香ばしさが際立つカリカリおこげもじっくりと味わって 03.湯葉とよもぎ麩のパリパリピザ風680円。モッチモチの麩とトロ～リとしたチーズが織りなすハーモニーに手が止まらない

SPOON

ええ雰囲気の居酒屋といったら！

和×洋の創作料理をレトロモダンな空間で

予約必至の人気ダイニング。湯葉や生麩、京野菜、そして合鴨農法で栽培された米など厳選した素材を用いて、和と洋を巧みに融合させ、創意に富んだ料理を展開する。食に肥えた大人の舌を唸らすメニューの数々が並ぶこちらのコースは、7品で2100円～とリーズナブルな価格帯も魅力のひとつ。雰囲気、味、コスパの3拍子が揃うとあって見逃せない。

The average budget
平均予算(1人)
3,800 YEN～

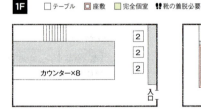

最大宴会人数24名　カウンター 8席 ／ テーブル 2～6名×8卓　半個室 無 ／ 完全個室 8名×1室

薄明かりが居心地良し

SHOP DATA
ショップデータ

京都らしい　子供連れ歓迎　夜遅　駅近　飲み放題あり

SITUATION
歓送迎会　接待　デート　合コン　女子会

ワイワイ ―――▼――― しっとり

コース	2160円(7品)、3020円(8品) 3780円(8品)
飲み放題	1480円(約30種、90分) 1820円(約30種、120分) ※コース注文時のみオーダー可
ビール	1杯 590円(アサヒ) 瓶1本 640円(キリン)
貸切	不可
サプライズ	可 ※前日までに要予約

MENU TOP3

① 釜飯 　　　　　　　　　　　860円
② 湯葉とよもぎ麩のパリパリピザ風 680円
③ 鴨と九条ネギの炭火焼 　　　　860円

MAP ▶P119-04／B3

SPOON
スプーン

所 京都市下京区高倉通四条下ル高材木町221-4
☎ 075・351・6090
営 17：30～24：30 (LO／23：45)
休 不定休　P 無
CARD VISA・MasterCard・JCB
禁煙席無

20

居酒屋

地 四条(徒歩6分)　阪 烏丸(徒歩8分)

京都酒場 AKAMARU 赤まる

屋台風
大バコ居酒屋

滞在時間
無制限が嬉しい!

大も小も兼ね備える万能酒場

店名通り、人気赤丸急上昇のこちら。屋台風のノスタルジックな店内には、<mark>京都産の食材を活かしたコース料理が5種類と豊富にラインナップ</mark>。60名まで着席できる奥座敷も備えているので、同窓会や歓送迎会など大人数で集まる場面にはもってこい。

01.広々とした奥座敷の他に、日本庭園を眺めながら料理とお酒が楽しめるテーブル席も備えている　02.鯛の姿造りや京赤地鶏の水炊きが楽しめる全10品が並ぶ豪華なコースは、飲み放題が付いて5000円　03.伏見の地酒などの日本酒が充実。弾けるような食感と肉汁したたる京赤地鶏の炭火焼980円とも相性抜群

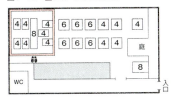

The average budget
平均予算(1人)
2,800 YEN～

SHOP DATA
― ショップデータ ―

京都らしい　子供連れ歓迎　夜遅　飲み放題あり

SITUATION
打ち上げ　歓送迎会　同窓会　デート　合コン

ワイワイ ▼ しっとり

コース	3500円(11品)、4000円(11品) 4500円(11品) ※飲み放題込
飲み放題	1800円(10種、90分)、2200円(10種、120分) 2800円(10種、180分) 飲み放題付のコース有
ビール	1杯 350円(アサヒ)、瓶1本 480円(サントリー)
貸切	可(80～100名) ※前日までに要予約
サプライズ	不可

最大宴会人数100名　カウンター 無／テーブル 4～8名×20卓／半個室 無／完全個室 無

京都酒場 AKAMURU 赤まる
きょうとさかば あかまる
所 京都市下京区綾小路通油小路東入ル芦刈山町125
時 17:00～24:00(LO／23:30)
休 無休　P 無
☎ 075・746・2485
VISA・MasterCard・AMEX・JCBなど
禁煙席無

MAP▶P121-05／B2

肉バル

地 丸太町(徒歩9分)

酒バル 輪っか

肉&日本酒で
パーティ

特選和牛と店主太鼓判ラベルのマリアージュ

驚愕の"原価率70%"という赤字覚悟の近江牛を筆頭に、上賀茂の野菜や新鮮な魚介などを炭火と鉄板でじっくり焼き上げる。「肉には日本酒が一番!」と豪語する店主・谷端さんの言葉通り、全国各地からセレクトされた名酒がずらりと並ぶ。肉食系には堪らない一軒だ。

香ばしい匂いが食欲をそそる

01.A4～A5ランクの肉のみを使用するリブロースステーキ2450円は、リピート率No.1の人気メニュー　02.豪快な店主の軽快なトークにはファンも多数!　03.約25銘柄から3種類を選べる唎き酒セット900円。日本酒入門者にうってつけ

The average budget
平均予算(1人)
3,000 YEN～

SHOP DATA
― ショップデータ ―

子供連れ歓迎　夜遅　飲み放題あり

SITUATION
打ち上げ　歓送迎会　デート　女子会　おひとり様

ワイワイ ▼ しっとり

コース	4000円(8品)、5000円(9品) ※飲み放題込
飲み放題	1600円(20種、100分) 飲み放題付のコース有
ビール	1杯 390円(キリン)、瓶1本 500円(キリン)
貸切	不可
サプライズ	可 ※前日までに要予約

最大宴会人数10名　カウンター 8席／テーブル 2～4名×4卓／半個室 無／完全個室 無

酒バル 輪っか
さけバル わっか
所 京都市中京区丸太町通油小路東入ル横鍛冶町98-2
時 18:00～翌1:00(フードLO／24:00、ドリンクLO／24:30)
休 無休　P 無
☎ 075・253・0889
VISA・MasterCard・ダイナースクラブ・AMEX・JCB
禁煙席無

MAP▶P117-03

地 烏丸御池（徒歩4分）

松阪牛焼肉

01.囲炉裏を思わせる掘り炬燵席は、シックな和空間。しかし高級一辺倒ではなく、松阪牛がリーズナブルに楽しめるランチも大人気 02.モモ、ロース、ヘレなどお馴染みの赤身をはじめ、京都では珍しい松阪牛のホルモンも取り揃える 03.掘り炬燵席やソファ席があるので、デートや接待などさまざまなシーンに応じて使い分けできる

松阪牛 WHAT'S

優美な空間と上質肉

極上の松阪牛を余すところなく味わう

日本三大和牛のひとつ"松阪牛"を専門に取り扱う焼き肉店。一頭買いゆえ、イチボやミスジ、トロタンなど稀少性の高い部位も豊富にスタンバイ。なかでも自慢の上カルビは、松阪牛特有の濃厚な甘みとジューシーな肉汁がジュワッと溢れ出す。白米片手にガッツリもいいけれど、特別な日こそは「上質な肉を少しだけ」の大人の焼き肉を堪能しよう！

平均予算（1人）
7,500 YEN〜

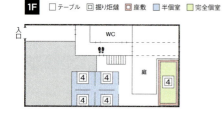

最大宴会人数30名　カウンター 無 ／ テーブル 2〜6名×14卓 ／ 半個室 2〜4名×4室 ／ 完全個室 2〜8名×3室

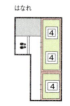

松阪牛 WHAT'S
まつさかぎゅう ワッツ

住 京都市中京区室町通三条下ル烏帽子屋町477
時 11：30〜15：00（LO／14：00）
　 17：00〜23：00（LO／22：00）
休 火曜　P 無
MAP▶P119-04／A1

☎ 075・222・2989
CARD VISA・MasterCard・DC・ダイナースクラブ・AMEX・JCBなど
禁煙席無

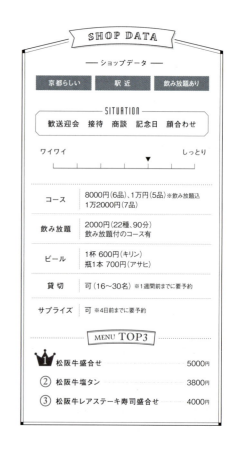

SHOP DATA
ショップデータ

京都らしい　駅近　飲み放題あり

SITUATION
歓送迎会　接待　商談　記念日　顔合わせ

ワイワイ　　　　　　　　　しっとり

コース	8000円(6品)、1万円(5品)※飲み放題込 1万2000円(7品)
飲み放題	2000円(22種、90分) 飲み放題付のコース有
ビール	1杯 600円(キリン) 瓶1本 700円(アサヒ)
貸切	可(16〜30名)※1週間前までに要予約
サプライズ	可 ※4日前までに要予約

MENU TOP3
1. 松阪牛盛合せ　5000円
2. 松阪牛塩タン　3800円
3. 松阪牛レアステーキ寿司盛合せ　4000円

創作和食

食童 箸ずめ

彩り豊かなご褒美ごはん

01.シックな空間のカウンター席は、デートにもおすすめ 02.コースに登場する牛ホホ肉シチューは、赤ワインをたっぷりと使った大人の味わい 03.四季を表現した彩り豊かな珍味の盛り合わせ。食べるのがもったいないほどの美しさ

ランチでも味わえるリッチな創作和食

白味噌を隠し味に加え、和のアレンジを施した とろっとろの牛ほほ肉シチュー や、旬の食材を活かした季節の釜飯が堪能できる夜のコースをはじめ、ランチタイムにも2700円のコース料理がスタンバイ。ママ友同士の特別なランチ会にぴったり！

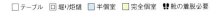
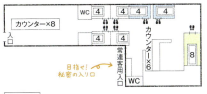

最大宴会人数30名 ／ カウンター 14席 ／ テーブル 2～10名×7卓 ／ 半個室 2～4名×2室 ／ 完全個室 5～8名×1室

平均予算(1人) **6,000 YEN～**

食童 箸ずめ
しょくどう はしずめ

☎ 075・211・4004

📍 京都市中京区東洞院通六角上ル三文字町225 朝陽ビル1F
🕐 12:00～14:30(入店／13:30) ※要予約
　 17:30～24:00 (LO)
休 不定休　P 無

CARD VISA・MasterCard・DC・ダイナースクラブ・AMEX・JCBなど
🚭 禁煙席有

MAP ▶ P119-04／A2

SHOP DATA
ショップデータ

| 京都らしい | 夜遅 | 飲み放題あり |

SITUATION
打ち上げ　接待　記念日　顔合わせ　デート

ワイワイ ――――▼―― しっとり

コース	5000円(9品)、6000円(10品)
飲み放題	1500円(20種,90分)、2500円(約60種,90分)
ビール	1杯 600円～(サントリー・サッポロ) 瓶1本 550円～(アサヒ、キリン、サントリー、サッポロ)
貸切	可(20～30名) ※3日前までに要予約
サプライズ	可 ※2日前までに要予約

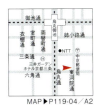

和食居酒屋

酒とさかなと炭火焼

喜むつ

ゆったり楽しむ大人時間

01.カウンターのほか、大部屋や掘り炬燵の個室も完備。家族連れも対応可 02.8～9種類の鮮魚を使った造り盛り合わせは1人前1200円(写真は4人前)。運が良ければ一匹丸ごとの姿造りに出会えるかも

目利きが光る新鮮魚介の和食

元旅館のロケーションを活かした 宴会が楽しめるこちらは、「魚が安くて旨い」と話題。それもそのはず、腕を振るう店主はかつて京都市中央卸売市場で勤めていた目利きのプロ。造り、焼き、煮物と多彩な魚料理 の数々に、月替わりの日本酒が止まらなくなるのも至極当然。

平均予算(1人) **4,500 YEN～**

最大宴会人数24名 ／ カウンター 7席 ／ テーブル席 3～8名×4卓 ／ 半個室 3～8名×1室 ／ 完全個室 3～6名×1室

SHOP DATA
ショップデータ

| 京都らしい | 子供連れ歓迎 | 夜遅 | 駅近 | 飲み放題あり |

SITUATION
歓送迎会　同窓会　接待　デート　女子会

ワイワイ ―――▼――― しっとり

コース	3980円(10品)※飲み放題別 4980円(10品)、6000円(12品)※飲み放題込
飲み放題	飲み放題付のコース有
ビール	1杯 580円～(キリン)
貸切	可(12～24名)
サプライズ	不可

酒とさかなと炭火焼 喜むつ
さけとさかなとすみびやき きむつ

☎ 075・341・6357

📍 京都市下京区高倉通仏光寺上ル西前町374-1
🕐 17:30～24:00 (LO／23:30) ※昼は4名以上で要予約
休 日曜(祝日の場合は営業、翌日休)　P 無

CARD VISA・MasterCard・DC・ダイナースクラブ・AMEX・JCB
🚭 禁煙席無

MAP ▶ P119-04／B3

地 四条(徒歩2分)　阪 烏丸(徒歩3分)

焼鳥

リーズナブルな
価格も魅力

01.築90年の町家をモダンにリノベーションした店内。赤のソファはカップルや女性客から大好評　02.大将の熟練の技により、外はカリッ、中はふっくらとした絶妙な焼き加減に。白ワインとザラメ糖を秘伝の配合でブレンドしたタレは、すっきりとした甘さ　03.小石でさざ波を表現した枯山水を思わせる風流な坪庭

居心地のいい
和空間

常木屋　京地どりの旨みを存分に

風情ある京町家で堪能する京赤地どり

大正レトロなインテリアが彩る大人な雰囲気の店内では、炭火でじっくりと焼き上げた焼き鳥が楽しめる。ジューシーな朝引きの京赤地どりと、旨みが溶け込んだ継ぎ足しの特製ダレが絡まった定番串をはじめ、黒毛和牛のてんみみや京都産豚のピートロなど珍しいものなども豊富に揃うとあって、串好きには無視できない一軒だ。

The average budget
平均予算
(1人)
4,000 YEN～

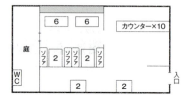

最大宴会人数6名　カウンター 10席 ／ テーブル 2～6名×6卓　半個室 無 ／ 完全個室 無

常木屋
じょうきや

所 京都市下京区綾小路通東洞院東入ル神明町243-1
営 17:30～翌0:30 (LO/23:45)、土曜～24:00 (LO/23:00)
　※売り切れ次第終了
休 日曜(翌日が祝日の場合は営業)　P 無

☎ **075・351・8769**

CARD VISA・MasterCard・DC・ダイナースクラブ・AMEX・JCBなど
禁煙席無

MAP▶P119-04／A3

烏丸・丸太町　KARASUMA/MARUTAMACHI
河原町・木屋町・先斗町　KAWARAMACHI/KIYAMACHI/PONTOCHO
祇園　GION
京都駅　KYOTO STATION
二条城周辺・大宮・西院　NIJO CASTLE/OMIYA/SAIN
北山・北大路　KITAYAMA/KITAOJI

地 四条(徒歩3分)　阪 烏丸(徒歩3分)

焼鳥

炭火焼鳥ちゃぶや

価格破壊の本格串焼き

新鮮地鶏の串焼きがゴキゲンへの最短ルート!

連日連夜多くの人で賑わう、活気に満ち溢れた一軒。人気の秘訣は、新鮮な朝引き地鶏を使った焼き鳥。**オーダーが入ってから一本ずつ丁寧に焼き上げる本格派**ながら、1本150円～と、超リーズナブルに味わえる。となれば、混み合う忘年会シーズンの予約は早めが正解。

01.カウンター席では、串が目の前で炙られる様子が見られる　02.ねぎま194円や手羽先259円、名物つくね259円など、バラエティに富んだ焼き鳥をはじめ、牛の串焼きもオンメニュー

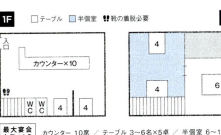

最大宴会人数16名　カウンター 10席 ／ テーブル 3～6名×5卓 ／ 半個室 6～10名×1室 ／ 完全個室 無

平均予算(1人) 3,300 YEN～

SHOP DATA
ショップデータ

| 夜遅 | 駅近 |

SITUATION
打ち上げ　歓送迎会　おひとり様

ワイワイ ────▼──── しっとり

コース	2000円(8～9品) 2500円(9～10品)
飲み放題	無
ビール	瓶1本 400円～(アサヒ)
貸切	不可
サプライズ	不可

炭火焼鳥ちゃぶや
すみびやきとりちゃぶや

📍 京都市中京区錦小路通室町東入ル一筋目下ル占出山町310-3
⏰ 18:00～24:00 (LO／23:00)
休 日曜　P 無

📞 075・255・1393

CARD VISA・MasterCard・DC・ダイナースクラブ・AMEX・JCB
禁煙席無

MAP▶P119-04／A2

地 丸太町(徒歩3分)

焼鳥

串まんま

京情緒たっぷり

串に合う日本酒も数多く取り揃え

秘伝のダレと極上鶏が魅せる旨みの相乗効果

画家・望月玉泉氏の屋敷をリノベーションした一軒。名物の焼き鳥は、しっかりとした歯応えと甘みが特徴の丹**波あじわい鶏と京赤地どりを使用。**甘さ控えめのあっさりダレと、ジューシーな鶏の肉汁のハーモニーに、アルコールがついつい進む。

01.つくばいや石灯籠が配された坪庭は、どの席からでもしっかりと眺められる。夜にはライトアップされ、優雅なムードを演出　02.火力の強い宮崎産備長炭で焼くことで、旨みを閉じ込め、外側はムチッとした仕上がりに　03.京丹後産コシヒカリの銀シャリは、一合ずつ羽釜でふっくらと炊き上げる。香ばしいおこげもご覧の通り!

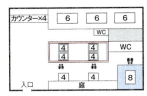

最大宴会人数18名　カウンター 4席 ／ テーブル 4～8名×10卓 ／ 半個室 6～8名×1室 ／ 完全個室 無

平均予算(1人) 3,500 YEN～

SHOP DATA
ショップデータ

| 眺めがいい | 京都らしい | 夜遅 | 駅近 |

SITUATION
歓送迎会　接待　商談　打ち合わせ　待ち合わせ

ワイワイ ────▼──── しっとり

コース	3000円(8品)、4000円(9品) 5000円(9品)
飲み放題	無
ビール	1杯 530円(サントリー) 瓶1本 630円(サントリー)
貸切	不可
サプライズ	不可

串まんま
くしまんま

📍 京都市中京区室町通丸太町下ル道場町4
⏰ 17:00～24:00 (LO／23:00)
休 火曜、第2水曜　P 有(契約駐車場)

📞 075・222・8850

CARD VISA・MasterCard・DC・ダイナースクラブ・AMEX・JCB
禁煙席有

MAP▶P117-03

阪 烏丸（徒歩5分）　地 四条（徒歩6分）　　　　　　　　　　　　　　中華

01.元呉服商の邸宅を改装した町家空間では、風情ある庭園も見応え十分　02.ディナーのコースはもちろん、濃厚なふかひれが手頃に楽しめるランチも大人気。美人膳2800円～　03.洋館造りの立派な門構え。賑やかな街中が嘘のように静寂とした雰囲気の店内で、ゆっくりと食事が楽しめる

膳處漢ぽっちり　京都中華の殿堂入り

京＆旬の食材を駆使した、センスが冴える北京料理

京の食材と旬物を伝統的な北京料理の技法で大胆にアレンジした創作料理が味わえると人気の一軒。ふかひれの姿煮をメインに据えるコースをはじめ、北京ダックや火鍋、麻婆豆腐などお馴染みの中華メニューも充実。贅の極みを尽くした料理を堪能した後は、中庭奥の蔵［バーぽっちり］でお酒を嗜みながら、ゆるりとしたひとときが過ごせる。

The average budget 平均予算（1人） **8,000 YEN～**

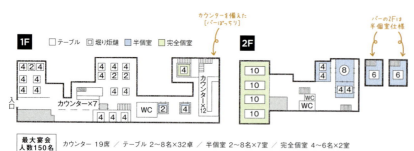

最大宴会人数150名　カウンター 19席 ／ テーブル 2～8名×32卓 ／ 半個室 2～8名×7室 ／ 完全個室 4～6名×2室

膳處漢ぽっちり
ぜぜかんぽっちり
所 京都市中京区錦小路通室町西入ル天神山町283-2
営 11：30～15：00（LO／14：00）、17：00～23：00（LO／22：00）
※ディナーのみサービス料別途10％
休 無休　P 無
TEL 075・257・5766
CARD VISA・MasterCard・DC・ダイナースクラブ・AMEX・JCB
禁煙席有　※1F入口、個室、バーは喫煙可
MAP ▶P119-04／A2

SHOP DATA ショップデータ

京都らしい　駅近　飲み放題あり

― SITUATION ―
歓送迎会　ウエディング　接待　商談　記念日

ワイワイ　―――▼―――　しっとり

コース	6000円～（7品）
飲み放題	2000円（120分）※10名～
ビール	1杯 750円（キリン）、瓶1本 800円（キリン）
貸切	可（～150名）
サプライズ	可　※3日前までに要予約

MENU TOP3

① ふかひれ姿煮　8000円
② まっ黒な黒酢のすぶた　2200円
③ 大海老のにんにくチリソース　2000円

烏丸御池(徒歩8分) 創作中華

China Cafe & Dining
柳華

カフェというだけに、中国茶やスイーツも充実
女性も喜ぶ創作中華

ワインとともに楽しみたいヌーベルシノワ

門外不出の甘辛ソースが決め手の白のエビチリや、赤ワインと3種のビネガーを使った牛ステーキなど、グルマンを唸らす趣向を凝らしたメニューがずらり。宮廷料理をベースに上品な味付けへと仕上げられているので、口当たりのやさしいビオワインとも相性抜群！

01.柳と竹のエントランスをくぐると広がる、京風モダンな店内。奥には坪庭付きの個室も備えている　02.名物白のエビチリ970円。プリプリの大海老に秘伝の甘辛ソースを絡めた一品　03.豆板醤など3種類の醤をブレンドし、深みをもたらした京豆腐の土鍋麻婆850円。ピリッとした辛さに、お酒もすすむ

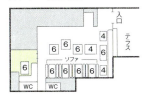

最大宴会人数80名　カウンター 無 ／ テーブル 2～6名×12卓 ／ 半個室 無 ／ 完全個室 4～6名×1室

平均予算(1人) 4,000 YEN～

SHOP DATA — ショップデータ —

| 子供連れ歓迎 | 飲み放題あり |

SITUATION　歓送迎会　同窓会　ウエディング　接待　記念日

ワイワイ ←―――▼―――→ しっとり

コース	4000円(7品)、9000円(9品) ※飲み放題込
飲み放題	1800円(20種、100分)、2300円(40種、120分) 飲み放題付のコース有
ビール	1杯 570円(キリン)、瓶1本 720円(アサヒ、キリン)
貸切	可(40～80名) ※奥の個室は除く
サプライズ	可

China Cafe & Dining 柳華
チャイナ カフェ ＆ ダイニング りゅうか

📍京都市中京区三条通柳馬場東入ル中之町61 1F
🕐11:30～15:00(LO)、17:30～22:30(LO/22:00)
月曜(祝日の場合は営業、翌日休)　P 無
📞075・255・3633
💳 VISA・MasterCard・DC・ダイナースクラブ・AMEX・JCBなど
🚭禁煙席有

MAP▶P119-04／B1

烏丸(徒歩6分)　四条(徒歩7分)　　北京料理

北京料理 華友菜館

ラー油やタレに至るまですべて手作り
塩分・油分控えめ！

医食同源にこだわる、ヘルシーな北京料理

中国の名店で腕を磨いた店主が営む、"医食同源"をテーマに掲げるこちら。素材を最大限に活かすため、塩分と油は極力控え、数種類の乾物から丁寧にとったスープを使用。渾身のスープと上質な素材、香辛料が調和を奏でる北京の家庭料理をじっくりと味わおう！

01.店主が幼少期を過ごした北京にある料理店をイメージした店内。喧騒とは無縁の落ち着いた雰囲気　02.塩を少なめにし、干しホタテの旨みをしっかりと立たせた、干しエビ入り炒飯864円　03.北京五香拌麺(和えそば)972円。テンメンジャンをベースに、ニンニク、生姜を加えた濃厚なタレと、パスタのようなもちもち食感の麺は相性抜群！

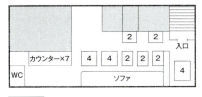

最大宴会人数24名　カウンター 7席 ／ テーブル席 2～4名×8卓 ／ 半個室 無 ／ 完全個室 無

平均予算(1人) 2,000 YEN～

SHOP DATA — ショップデータ —

| 子供連れ歓迎 |

SITUATION　打ち上げ　歓送迎会　同窓会　デート　女子会

ワイワイ ←―――▼―――→ しっとり

コース	3024円(8品)、4320円(10品) 5400円(11品)
飲み放題	無
ビール	1杯 540円(アサヒ)、瓶1本 540円(アサヒ)
貸切	可(20～24名) ※1週間前までに要予約
サプライズ	不可

北京料理 華友菜館
ぺきんりょうり かゆうさいかん

📍京都市中京区室町蛸薬師上ル鯉山町535 室蛸ビルB1F
🕐11:30～14:00(LO/13:40)、17:30～22:00(LO/21:30)
月曜　P 無
📞075・231・1036
💳 VISA・MasterCard・JCB
🚭禁煙席無

MAP▶P119-04／A2

[地] 烏丸御池（徒歩4分）

ステーキ

炭火ステーキ 坂井

肉を極めた一軒

卓上の七輪で自分好みの味わいに

ステーキに使用する黒毛和牛は産地ではなく、その時季最上のものを厳選。絶妙な焼き加減でサーブしてくれるのはもちろん、卓上の七輪で焼き加減に変化をつけたり、温め直すことも可能。おしゃべりに夢中になっても、常に香ばしいステーキが味わえるのが嬉しい。

The average budget
平均予算（1人）
10,000 YEN〜

01. 和を基調とした店内は、デートにも最適。ライブ感が楽しめる焼き場に臨むカウンター席もおすすめ！ 02. 卓上の七輪で焼き加減を調節できる、斬新なスタイルのステーキ店。季節のグリル野菜とともに味わって

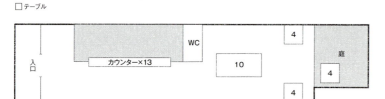

最大宴会人数30名　カウンター13席／テーブル 4〜10名×4卓／半個室 無／完全個室 無

炭火ステーキ 坂井
すみびステーキ さかい

所 京都市中京区三条通烏丸西入ル御倉町66 梅澤ビル1F
営 11:30〜14:00（LO/13:30）、17:30〜22:00（LO/21:30）
休 水曜　P 無

📞 **075・221・5129**

CARD VISA・MasterCard・DC・ダイナースクラブ・AMEX・JCB
🚭 全席禁煙

MAP▶P119-04／A1

SHOP DATA
ショップデータ

駅近

SITUATION
接待　記念日　顔合わせ　デート　おひとり様

ワイワイ ─────────▼ しっとり

コース	6800円(6品)、8800円(6品) 1万1800円(7品)
飲み放題	無
ビール	1杯 300円〜（サントリー） 瓶1本 550円（サントリー）
貸切	可（10〜30名）
サプライズ	不可

肉に合うワインも充実

[地] 丸太町（徒歩4分）

肉系居酒屋

ほいっぽ

女子会にもぴったり

肉×野菜のハイブリッド酒場

「BEEF×VEGETABLE」をコンセプトに掲げる肉系居酒屋は、近江牛や信州牛など仕入れ先を部位によって使い分けるこだわりぶり。シンプルなステーキをはじめ、いぶりがっこをトッピングした焼きウルテのポテトサラダやハツのたたきなど、牛肉と上賀茂産朝市で仕入れた野菜が織り成すハーモニーも楽しんで。

雰囲気のある薄明かり

01. 料亭を思わせる内観ながら、カジュアルに使える一軒。入りやすく、満足度は高いのでリピーターも多い　02. 鹿児島の黒毛和牛と信州牛と野菜がたっぷり乗った、ランプとリブロースの盛り合わせ3100円　03. 京都生まれの日本酒のほか、女性好みの泡系も充実

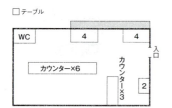

最大宴会人数14名　カウンター 9席／テーブル 2〜4名×3卓／半個室 無／完全個室 無

The average budget
平均予算（1人）
4,000 YEN〜

ほいっぽ
ほいっぽ

所 京都市中京区車屋町通竹屋町下ル少将井御旅町352-1 ラフト1F
営 11:30〜14:00、17:30〜24:00
休 月曜　P 無

📞 **075・746・6360**

CARD VISA・MasterCard・DC・ダイナースクラブ・AMEX・JCBなど
🚭 禁煙席無

MAP▶P117-03

SHOP DATA
ショップデータ

京都らしい　夜遅　駅近　飲み放題あり

SITUATION
記念日　デート　女子会

ワイワイ ───▼───── しっとり

コース	4500円(7品)、5000円(8品) ※飲み放題込
飲み放題	1500円(19種、90分)、2000円(19種、120分) 飲み放題付のコース有
ビール	1杯 600円〜（アサヒ）
貸切	可（14〜20名）※前日までに要予約
サプライズ	可　※前日までに要予約

28

🚇 地 丸太町（徒歩5分） 焼肉

京都焼肉処 きはら

無類の肉好き大集合！

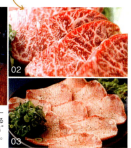

テッチャンなどホルモンも充実

名セレクトに唸る和牛の名門

産地直送の和牛が楽しめる焼き店。直送といえど、あえて一頭買いしないのが[きはら]の流儀。と言うのも、近江牛なら特選ハラミ、飛騨牛ならカルビ、丹波牛ならロースなど特定部位に特化して和牛を全国から選抜。肉好きの仲間とともに全部位コンプリートを目指してみては？

01. 宴会にも最適な掘り炬燵席は、最大36名が収容可能。無煙ロースターゆえ、服に匂いがうつりにくいのも嬉しいポイント　02.9割の客が注文する近江牛の特選ハラミ1580円。素材本来の甘みと旨みを引き立てる"塩"がおすすめ　03.綺麗なサシの入った特選タン1880円（写真は2人前）。厚切りなどのわがままなオーダーにも対応可能

□テーブル　■座敷　👞靴の着脱必要

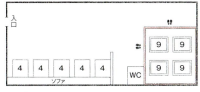

最大宴会人数60名　カウンター 無 ／ テーブル 1～4名×9卓 ／ 半個室 無 ／ 完全個室 無

The average budget
平均予算（1人）
3,500 YEN～

SHOP DATA — ショップデータ

| 子供連れ歓迎 | 駅近 | 飲み放題あり |

SITUATION
打ち上げ　歓送迎会　同窓会　合コン　女子会

ワイワイ ▼―――――― しっとり

コース	3500円(12品)、5000円(12品) 8000円(12品)
飲み放題	1500円(12種、90分) ※コース注文時のみオーダー可
ビール	1杯 550円～(アサヒ)
貸切	可(20～50名) ※前日までに要予約
サプライズ	不可

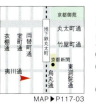

京都焼肉処 きはら
きょうとやきにくどころ きはら

📞 075・212・9870

🏠 京都市中京区両替町通二条上ル北小路112
🕐 11:30～13:30(LO) ※火～金曜のみ
　　17:00～22:30(LO)
休 無休　P 有(3台)

💳 VISA・MasterCard・DC・ダイナースクラブ・AMEX・JCBなど
🚭 禁煙席無

MAP ▶ P117-03

🚇 地 四条（徒歩2分）　阪 烏丸（徒歩5分） 焼肉

CHIFAJA 烏丸仏光寺店

どんなシーンもおまかせ

食べ放題焼肉でどんちゃん騒ぎの開幕！

3種類から選べる食べ放題コースは、各50品以上。国産牛も味わえるコースもあるという常識を打ち破るスタンスだ。しかも肉質も良く、甘辛いタレはクセになると話題。大人数で利用でき、品数豊富、そしてリーズナブルに…そんな忘年会あるあるの難題もここなら解決！

01. ゴブラン調の絨毯が床一面に敷かれたシックな雰囲気の店内　02.牛タン、上カルビ、上ロースをはじめ、石焼ビビンパ、ユッケジャンクッパなどのサイドも充実。人気のスタンダードコース90分3024円～

The average budget
平均予算（1人）
2,700 YEN～

会社規模の大きな集まりにも最適

□テーブル　■掘り炬燵　■半個室　■完全個室　👞靴の着脱必要

1F / 2F / 3F

最大宴会人数46名　カウンター 無 ／ テーブル 4～6名×20卓 ／ 半個室 2～8名×3室 ／ 完全個室 4～46名×10室

SHOP DATA — ショップデータ

| 子供連れ歓迎 | 夜遅 | 駅近 | 飲み放題あり |

SITUATION
打ち上げ　歓送迎会　同窓会　合コン　女子会

ワイワイ ▼―――――― しっとり

コース	2484円～(52品)、3024円～(68品) 3564円～(79品) ※食べ放題
飲み放題	1296円(50種、90分) 1598円(50種、120分)
ビール	1杯 453円(アサヒ)、瓶1本 540円(アサヒ)
貸切	可(20～46名) ※前日までに要予約
サプライズ	可 ※前日までに要予約

CHIFAJA 烏丸仏光寺店
チファジャ からすまぶっこうじてん

📞 075・371・1129

🏠 京都市下京区仏光寺通室町東入ル釘隠町248-4
🕐 17:00～翌1:00(LO/24:30)
休 無休　P 無

💳 VISA・MasterCard・DC・ダイナースクラブ・AMEX・JCBなど
🚭 禁煙席無

MAP ▶ P119-04 ／ A3

地 四条（徒歩3分） 阪 烏丸（徒歩5分）

サムギョプサル

ベジテジや
四条烏丸店

肉も野菜もバランス良く

カスタム自在のヘルシーサムギョプサル

サムギョプサルの名店。人気の秘密は、ヘルシーな豚肉と野菜をバランスよく食べられるのはもちろん、20種類以上もの肉と30種を超すトッピングが楽しめるから。組み合わせは1万通り以上で、包み野菜は食べ放題。コンプリートは無理でも満足度は十二分！

The average budget
平均予算（1人）
3,000 YEN〜

01.3フロアに分かれる店内。個室での女子会から団体での貸し切りまで、様々なシチュエーションに合わせて使い分けできる 02.大きなサムギョプサルをみんなでシェアして、色んな味を楽しんじゃおう！

1F □テーブル □掘り炬燵 ■半個室 ■完全個室

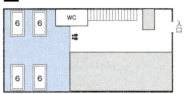

2F

最大宴会人数60名 ／ カウンター 無 ／ テーブル 4〜6名×12卓 ／ 半個室 4〜24名×1室 ／ 完全個室 12〜24名×1室

SHOP DATA
— ショップデータ —

子供連れ歓迎　夜遅　駅近　飲み放題あり

SITUATION
歓送迎会　記念日　デート　合コン　女子会

ワイワイ ▼ ────── しっとり

さっぱりとしたフルーツカクテルも充実

コース	2500円（10品）※飲み放題別 3500円（8品）、3980円（8品）※飲み放題込
飲み放題	1500円（41種、90分）、2000円（41種、120分） 2000円（70種、90分） 飲み放題付のコース有
ビール	1杯 480円（サントリー）
貸切	可（20〜28名）※1ヶ月前までに要予約、1Fのみ
サプライズ	可 ※1週間前までに要予約

ベジテジや 四条烏丸店
ベジテジや しじょうからすまてん

📞 075・361・0129

所 京都市下京区綾小路通室町西入ル善長寺133
時 18:00〜23:00（LO／22:30）
　 土・日曜、祝日17:00〜24:00（LO／23:30）
休 無休　P 無

カード VISA・MasterCard・DC・ダイナースクラブ・AMEX・JCBなど
禁煙席無

MAP▶P119-04／A3

地 四条（徒歩6分） 阪 烏丸（徒歩7分）

焼肉

あかやしろ 榮

じっくり飲むならココ

一切の妥協を許さない厳選ホルモン

京都中からホルモン好きが集う焼き肉の名店。20種類にも及ぶホルモンは、京都や滋賀などの近隣から仕入れるため、鮮度抜群でぷりんぷりんとした食感。それらをロースターでじっくり焼き上げ、肉汁を完全に閉じ込めるから、しっとりやわらかく噛むほどに旨みが炸裂する。

The average budget
平均予算（1人）
5,000 YEN〜

ホルモンのみならず赤身も絶品！

01.タレの味付けは甘めやニンニク抜き、濃い味などリクエストに応えてくれる　02.常連客が必ず注文する赤身3種盛2050円は、イチボ、ラム芯、バラなどが日替わりで楽しめる。知る人ぞ知る京都牛を堪能しよう

1F □テーブル □掘り炬燵 ■靴の着脱必要

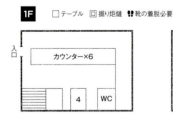

2F

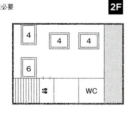

最大宴会人数22名 ／ カウンター 6席 ／ テーブル 3〜4名×5卓 ／ 半個室 無 ／ 完全個室 無

SHOP DATA
— ショップデータ —

子供連れ歓迎　夜遅　飲み放題あり

SITUATION
打ち上げ　同窓会　合コン　男子会　おひとり様

ワイワイ ▼ ────── しっとり

お手頃!!

コース	3000円（10品）、3500円（11品） 4500円（12品）
飲み放題	1500円（35種、120分）
ビール	1杯 500円〜（キリン）
貸切	可（15〜22名）※2日前までに要予約
サプライズ	可 ※前日までに要予約

あかやしろ 榮
あかやしろ さかえ

📞 075・371・7377

所 京都市下京区富小路通四条下ル徳正寺町41-3
時 11:30〜14:00、17:00〜翌2:00（LO／翌1:00）
休 無休　P 無

カード VISA・MasterCard・ダイナースクラブ・AMEX・JCB
禁煙席無

MAP▶P119-04／B3

30

お好み焼・鉄板焼

いっかくじゅう 烏丸店

深夜2時まで鉄板パーティ！

コースで味わいたい真夜中の鉄板料理

つくね芋でふっくらと仕上げたお好み焼きが名物の鉄板料理店。人気のコースは粉もんをはじめ、鮮魚のカルパッチョや黒毛和牛サーロインステーキなど、全8品の豪華な顔ぶれ。さらに120分の飲み放題もセットなので、深夜までゆっくりと宴会が楽しめる。

The average budget 平均予算（1人）**3,000 YEN～**

01.白木のカウンターに掘り炬燵の個室と、割烹を思わせる落ち着いた雰囲気の店内 02.メインにはA4ランクの特選和牛を使ったサーロインステーキ、締めにはお好み焼きか焼きそばが選べる。いっかくじゅうの贅沢コース5400円 03.自慢の塩焼きそば961円は、キレのある鶏ダシと特製塩ダレが合わさったハーモニーが堪らない！

□テーブル ■掘り炬燵 ■半個室 👞靴の着脱必要

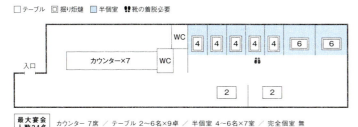

最大宴会人数34名 ／ カウンター 7席 ／ テーブル 2～6名×9卓 ／ 半個室 4～6名×7室 ／ 完全個室 無

SHOP DATA — ショップデータ

| 子供連れ歓迎 | 夜遅 | 駅近 | 飲み放題あり |

SITUATION
打ち上げ　歓送迎会　接待　デート　合コン

ワイワイ ─────▼───── しっとり

コース	3500円(6品)、4000円(8品) 4300円(8品)※飲み放題込
飲み放題	2000円（約50種、90分） 飲み放題付のコース有
ビール	1杯 500円（アサヒ、サッポロ）
貸切	可（～34名）※5日前までに要予約
サプライズ	可 ※5日前までに要予約

カクテルやワインも豊富にスタンバイ

いっかくじゅう 烏丸店
いっかくじゅう からすまてん

📞 075・352・1088

所 京都市下京区綾小路通東洞院東入ル神明町248 グランジュール綾小路B1F
時 17：00～翌2：00 （LO／翌1：30）
休 不定休　P 無

CARD VISA・MasterCard・DC・ダイナースクラブ・AMEX・JCB
🚭 禁煙席無

MAP ▶P119-04／A3

 阪 烏丸（徒歩3分）　地 四条（徒歩5分）

もんじゃ焼

もんじゃダイニング

わたたん 京都錦

もんじゃを囲めば会話も弾む

創意冴える京風もんじゃの新境地

アゴダシが決め手の京風もんじゃ店。和風のみならず、カレー味やイタリアン、お茶漬けもんじゃなど意外な組み合わせのメニューもラインナップ。スタッフが作り方をレクチャーしてくれるので、もんじゃビギナーも心配無用。ワイワイと楽しみながら味わって。

01.広々としたテーブル席のほか、10名以上から利用できる個室も完備。さまざまなシーンに合わせて使い分けできる 02.カリカリで香ばしいおこげがアクセントに

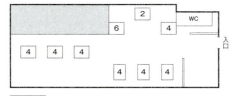

最大宴会人数60名 ／ カウンター 無 ／ テーブル 2～6名×9卓 ／ 半個室 無 ／ 完全個室 無

The average budget 平均予算（1人）**3,500 YEN～**

SHOP DATA — ショップデータ

| 京都らしい | 子供連れ歓迎 | 夜遅 | 駅近 | 飲み放題あり |

SITUATION
打ち上げ　歓送迎会　合コン　女子会

ワイワイ ──▼─────── しっとり

コース	3240円(60品)、4320円(110品) ※飲み放題込　食べ放題
飲み放題	1620円（40種、90分） 飲み放題付のコース有
ビール	1杯 529円～（アサヒ）
貸切	可（20～50名）※前日までに要予約
サプライズ	可

もんじゃダイニング わたたん 京都錦
もんじゃダイニング わたたん きょうとにしき

📞 075・212・6305

所 京都市中京区東洞院通錦小路東入ル元竹田町651 藤川ビル3F
時 11：30～15：00、17：00～24：00 （LO／23：00）
　土・日曜、祝日11：30～24：00
休 不定休　P 無

火曜限定の500円ランチも魅力！

CARD VISA・MasterCard・DC・ダイナースクラブ・AMEX・JCBなど
🚭 時間により禁煙（11：30～14：00）

MAP ▶P119-04／A2

地 烏丸御池（徒歩3分）　　　　　　　　　　　　　　　　　　　　　居酒屋

萬
サラリーマンの憩いの場

よろずや

思わず「ウマァ！」と唸るメニューが勢揃い

20年以上、愛されてきた街の居酒屋。メニューは和食から創作系まで幅広く、牛タンカレー粉焼きのようにファンが付いているメニューも少なくない。どこか懐かしい店内で心ゆくまで料理と酒を味わって。

MAP ▶ P119-04／A1

☎ 075・256・3654
所 京都市中京区三条通烏丸西入ル御倉町68 岡三ビル1F
時 17:00～24:00（LO／23:00）
休 無休　P 無
CARD VISA・MasterCard・DC
禁煙席無

平均予算（1人）
2,500 YEN～

SHOP DATA
— ショップデータ —

| 夜遅 | 駅近 | 飲み放題あり |

コース	2700円（10品）／ 3132円（12品）
飲み放題	1620円（20種、120分）※コース注文時のみオーダー可
ビール	1杯 480円（アサヒ）、瓶1本 520円（アサヒ）
貸切	可（25～28名）※1週間前までに要予約 予算は応相談
サプライズ	可 ※持ち込みのみ
席数	最大宴会人数12名 カウンター 9席／テーブル席 2～4名×3卓／半個室 無／完全個室 無

団体での貸し切りも可能！

地 烏丸御池（徒歩8分）　　阪 烏丸（徒歩9分）　　　　　　　　　　おばんざい

旬菜いまり
おもてなしにぴったり

しゅんさいいまり

白木の上におばんざいの花が咲く

落ち着いた雰囲気の白木のカウンターで味わえるのは、お酒のアテにぴったりな日替わりのおばんざい。20種類ほどの中からいくつか選べば、色鮮やかな伊万里の器に盛り付けてくれる。上品かつ繊細な味わいの妙にゆっくりと浸って。

鮮魚や旬の味質を味わおう！

MAP ▶ P121-05／B1

☎ 075・231・1354
所 京都市中京区六角通新町西入ル西六角町108
時 7:30～10:30（LO／10:00）／17:30～24:00（LO／23:00）
休 火曜　P 無
CARD VISA・MasterCard・DC・ダイナースクラブ・AMEX・JCB
禁煙席有

平均予算（1人）
4,000 YEN～

SHOP DATA
— ショップデータ —

| 京都らしい | 夜遅 | 飲み放題あり |

コース	4000円（6品）※飲み放題込
飲み放題	飲み放題付のコース有
ビール	1杯 550円～（サッポロ）／瓶1本 550円～（サッポロ）
貸切	不可
サプライズ	不可
席数	最大宴会人数12名 カウンター 10席／テーブル 2～4名×4卓／半個室 5～8名×1室／完全個室 無

阪 烏丸（徒歩3分）　　地 四条（徒歩5分）　　　　　　　　　　ゆば料理専門店

こ豆や 錦店
全席掘り炬燵でゆったり

ゆばんざい こまめや にしきてん

女性に人気の豆乳メニューに舌鼓

手作り湯葉でお馴染みの［上田湯葉店］が手掛けた一軒。国産大豆と京都の名水を使って仕上げた湯葉や豆乳、おからを用いて巧みにアレンジしたおばんざいや洋風創作料理は、ヘルシーかつやさしい滋味が体の隅々まで染み渡る。

出来たて湯葉の香りと食感に感動！

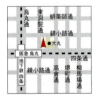
MAP ▶ P119-04／A2

☎ 075・221・7300
所 京都市中京区錦小路通東洞院東入ル西魚屋町619 リベルタス錦小路3F
時 11:30～14:30（LO／14:00）／17:30～22:30（LO／22:00）
休 水曜（祝日、祝前日の場合は営業）　P 無
CARD 不可
時間により禁煙（11:30～14:30）

平均予算（1人）
3,500 YEN～

SHOP DATA
— ショップデータ —

| 京都らしい | 駅近 | 飲み放題あり |

コース	3600円（9品）／5130円（10品）
飲み放題	1540円（18種、90分）
ビール	1杯 620円～（キリン）／瓶1本 700円～（キリン）
貸切	可（25～35名）
サプライズ	不可
席数	最大宴会人数35名 カウンター 6席／テーブル 2～4名×5卓／半個室 無／完全個室 無

烏丸・丸太町　KARASUMA/MARUTAMACHI
河原町・木屋町・先斗町　KAWARAMACHI/KIYAMACHI/PONTOCHO
祇園　GION
京都駅　KYOTO STATION
二条城周辺・大宮・西院　NIJO CASTLE/OMIYA/SAIN
北山・北大路　KITAYAMA/KITAOJI

32

阪 烏丸（徒歩1分） 地 四条（徒歩3分）

肉バル

ニクバル ダカラ 四条烏丸店

〈黒毛牛とワインの宝島〉

ニクバル ダカラ しじょうからすまてん

カジュアル価格で肉三昧！希少部位も楽しんで

肉好き歓喜の声が聞こえてきそうな肉料理がずらり並ぶ肉バル。牛タンのローストビーフ始め、全10品が登場するコースをオーダーすれば心ゆくまで肉料理が楽しめる。お手軽価格のワインを、料理に合わせて飲み比べるのもまた一興。

肉好き達のパーティに最適

The average budget（1人）
平均予算
4,000 YEN〜

MAP▶P119-04／A3

📞 075・241・4822

所 京都市下京区四条通烏丸東入ル長刀鉾町31 四条ビヨンドビル B1F
時 11:00〜14:30（LO／14:00）
17:00〜24:00（LO／フード23:00、ドリンク23:30）
休 無休　P 無

CARD VISA・MasterCard・DC・ダイナースクラブ・AMEX・JCB
🚬 禁煙席無

SHOP DATA
― ショップデータ ―

| | 夜遅 | 駅近 | 飲み放題あり |

コース	3500円（9品）4000円（10品）
飲み放題	1500円（90分）※コース注文時のみオーダー可
ビール	1杯 500円（キリン）
貸切	可（40〜70名）
サプライズ	不可
席数	最大宴会人数40名　カウンター 6席／テーブル 15卓／半個室 4〜6名×1室／完全個室 無

地 烏丸御池（徒歩4分）

イタリアン鉄板バル

イタリアン鉄板バール 烏丸DUE

〈デートも盛り上がる〉

イタリアンてっぱんバール からすまドゥーエ

カジュアルさも魅力の本格グリル料理

大自然が広がる丹後から仕入れた有機栽培の野菜や鮮魚、肉を鉄板で華麗にグリル。イタリアを中心としたワイナリーから厳選したワインとともに、素材の味を活かした鉄板メニューを味わい、優雅なひとときを堪能しよう。

自家製のソーセージもおすすめ！

MAP▶P119-04／A1

📞 075・213・3922

所 京都市中京区三条通烏丸西入ル御倉町79 文椿ビルヂング1F
時 11:30〜15:00（LO／14:00）
18:00〜翌1:00（LO／24:30）
日曜17:00〜23:00（LO／22:30）
休 不定休　P 無

CARD VISA・MasterCard
🚬 禁煙席無

The average budget（1人）
平均予算
3,000 YEN〜

SHOP DATA
― ショップデータ ―

| 子供連れ歓迎 | 夜遅 | 駅近 | 飲み放題あり |

コース	4000円（7品）※飲み放題込
飲み放題	飲み放題付のコース有
ビール	1杯 600円（ハイネケン）
貸切	可（20〜35名）※前日までに要予約
サプライズ	可
席数	最大宴会人数35名　カウンター 19席／テーブル席 2〜16名×8卓／半個室 無／完全個室 無

地 四条（徒歩4分） 阪 烏丸（徒歩6分）

鶏料理専門居酒屋

さつま知覧どり 黒焼き

べっぴんや

〈一線画す焼き鳥を堪能〉

さつまちらんどり くろやき べっぴんや

直火で焼き上げるブランド鶏に釘づけ！

旨みたっぷりのさつま知覧どりを使った鶏料理専門店。炭火に鶏油を入れ、立ち昇る炎で焼き上げる名物の"黒焼き"は、臨場感もさることながらコリコリとした歯ごたえとジューシーさを実現。全国から厳選した地酒と味わって。

MAP▶P119-04／B3

📞 075・352・0888

所 京都市下京区綾小路通柳馬場西入ル綾材木町207-1 クレール綾小路1F
時 17:30〜翌1:00（LO／24:00）
休 日曜　P 無

CARD VISA・MasterCard・DC・ダイナースクラブ・AMEX・JCBなど
🚬 禁煙席無

The average budget（1人）
平均予算
3,500 YEN〜

SHOP DATA
― ショップデータ ―

| | 夜遅 | 駅近 | 飲み放題あり |

コース	4000円（7品）、5000円（7品）6500円（8品）※飲み放題込
飲み放題	飲み放題付のコース有
ビール	1杯 480円（サントリー）
貸切	可（11〜16名）※前日までに要予約
サプライズ	可
席数	最大宴会人数16名　カウンター 8席／テーブル 2〜10名×5卓／半個室 無／完全個室 無

これを食べなきゃ終われない

〆の一品

しこたま飲んだあと、無性に恋しくなるのがさらっとイケる汁物。あっさりですっきりと流すか、はたまたこってりでガツンと締めるか、どちらの気分にもフィットする遅がけ店をご紹介。

［蕎麦と肴 周知］の

辛みおろし 972円

信州産のそば粉で打つ十割蕎麦の香りを活かすため、ダシはすっきりとした仕上がりに。さらにピリッとした辛みが冴えわたる長野産の親田大根がアクセントとなり、酔いも吹き飛ばす爽快な風味が鼻腔をスーッと駆け抜ける。

香り高い清楚なそばにピリリと冴える辛味だいこん

〜29:00

☎075・744・1483
京都市中京区二条通富小路東入ル尾張町203-2
18:00〜翌5:00(LO/翌4:00)
日曜休
禁煙席無　完全個室無　P無
MAP▶P117-03

［ぎをんの豚汁屋さん あだち家］の

あだち家の豚汁 500円

和洋幅広いメニューが並ぶ祇園の深夜食堂。名物の豚汁は、4種類をブレンドした無添加味噌と天然ダシが味の決め手。野菜の甘みと豚バラのコクが溶け込んだ、どこか懐かしくやさしい一杯に、五臓六腑と心がじんわり和む。

〜27:00

心にやさしく染み入る旨みが溶け合う豚汁

☎075・541・0008
京都市東山区切通し富永町上ル清本町368-4 セラヴィビル1F
18:30〜翌3:00(LO/翌2:30)
日曜・祝日休
禁煙席無　完全個室無　P無
MAP▶P118-04／D2

熟成細麺と絡み合う魅惑のあっさりスープ

［元祖熟成細麺 香来 壬生本店］の

ラーメン 680円

〜27:00

豚骨と鶏ガラのWスープは、食感とのど越しを追求した熟成細麺とも相性抜群。ひと口すすれば、まろやかな味わいが口の中に広がり、去り際は潔くすっきりと。魔性の魅力に満ちた一杯ゆえ、とりこになること請け合いだ。

☎075・822・6378
京都市中京区壬生馬場町35-5
11:00〜翌3:00
無休
禁煙席無　完全個室無　P有(契約駐車場)
MAP▶P121-05／A1

ガツンとパンチの効いた背脂たっぷりラーメン

［京ラーメンさだかず］の

背脂醤油ラーメン 700円

鶏ガラをベースにしたキレのある一杯は、飲み過ぎた時にもジャスト。たっぷりの背脂と肩ロースチャーシューの濃厚なコクが加わったスープをゴクリと飲み、のど越しの良い細麺をズズッとすすれば、二日酔いすらどこ吹く風！

〜25:00

☎075・533・0053
京都市東山区祇園町北側281-1-1 祇園ファーストビルB1F
22:00〜翌1:00
日曜・祝日休
全席禁煙　P無
MAP▶P118-04／D2

KAWARAMACHI / KIYAMACHI / PONTOCHO

河原町・木屋町・先斗町 エリア

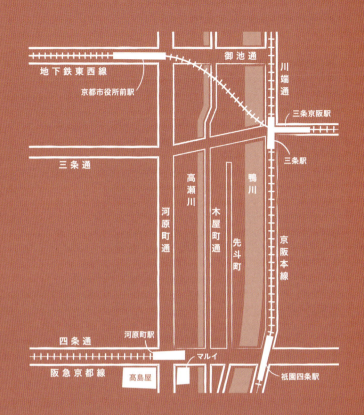

京都随一の繁華街である、河原町・木屋町・先斗町エリア。ショップや飲食店が密集し、観光地にも程近いとあって地元民・観光客問わず多くの人が集まる。多彩な路線が徒歩圏内にあるので、必ずおさえておきたいスポットだ。

主な最寄駅
- 京都市営地下鉄「京都市役所前」「三条京阪」
- 阪急電鉄「河原町」
- 京阪「三条」「祇園四条」

地 京都市役所前（徒歩7分）　　　　　料理人の目の前がおすすめ　　和食居酒屋

二条 有恒

大切な人との食事に！

伝統ある京料理が楽しめる"大人の居酒屋"

祇園にある会席料理の店［祇園 迦陵］が提案する"大人の居酒屋"。魚介の造りや炭焼き、岩手産ホロホロ鳥の炭火焼きなど、多彩なアラカルトで名店の味をカジュアルに堪能。日本酒はもちろん、ワインなどお酒も豊富なので、じっくり味わいたい夜にどうぞ。

The average budget
平均予算（1人）
7,000 YEN〜

01.コンセプトは居酒屋だが、贅を尽くした漆塗りのカウンターはさすが名店と言わざるを得ない。席間隔も広く取られているので、カウンターでもゆったり　02.新鮮な野菜や魚を調理していく職人の手さばきを間近で見られる臨場感は割烹並み　03.味噌が焼ける甘い香りについついお酒がすすむ朴葉味噌きのこ

□テーブル　■座敷　■完全個室　👟靴の着脱必要

最大宴会人数28名　カウンター 10席　／　テーブル 2〜6名×2卓　／　半個室 無　／　完全個室 3〜6名×2室

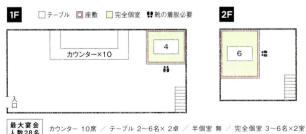
MAP ▶ P117-03

二条 有恒
にじょう ありつね

所 京都市中京区二条通寺町西入ル丁子屋町694-3
時 17:00〜23:00 (LO)
休 月曜　P 無
📞 075・212・7587
CARD VISA・MasterCard・ダイナースクラブ・AMEX
🚭 全席禁煙

SHOP DATA
ショップデータ

| 京都らしい | 子供連れ歓迎 | 夜 遅 |

SITUATION
接待　記念日　デート　おひとり様

ワイワイ ────▼──── しっとり

コース	無
飲み放題	無
ビール	1杯 700円（キリン）
貸切	不可
サプライズ	可　※前日までに要予約

35

 京 三条（徒歩5分）　　　　　　　　　　　　　　　　　　　和食

大将の笑顔でおいしさ倍増♪

01. 目の前で手際のいい調理の様子が見られる1Fカウンター席。店主の目の前の席は競争率が高い　02. 名物の釜飯は、好みで選ぶ具材とおすすめ旬の食材を組み合わせ、自分だけの一杯が作れる　03. 長年使い込んだ鉄の卵焼き器を使って焼き上げられるだし巻きは必食。ふっくらジューシーな味わいが堪らない　04. 旬素材をはじめ、5、6種の野菜と生湯葉が絶妙な組み合わせのあんかけも

余志屋　京町家でゆったり宴会

先斗町の路地裏で見つけた隠れ家割烹

京らしさを感じる先斗町の裏路地にあるこちらでは、海老や鶏、ぐじなど9種から選べる具材と旬の味を取り入れた釜飯が名物。やさしいダシの味わいが食材の旨みを引き出している。また温かい店主の人柄が多くの人に愛され、店のファンになる客が続出。ゆったりできる座敷の個室も用意。落ち着いた雰囲気で居心地が良い。

The average budget
平均予算（1人）
8,000 YEN～

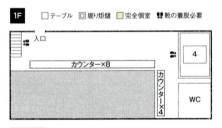

最大宴会人数13名　カウンター 12席　／　テーブル 2～8名×3卓　／　半個室 無　／　完全個室 2～8名×2室

MAP▶P118-04／C2

余志屋
よしや

℡ 075・221・5115

所 京都市中京区先斗町通三条下ル材木町188
営 17:00～23:00（LO／22:30）
休 月曜　P 無
カード VISA・MasterCard・DC・ダイナースクラブ・AMEXなど
全席禁煙　※個室のみ喫煙可

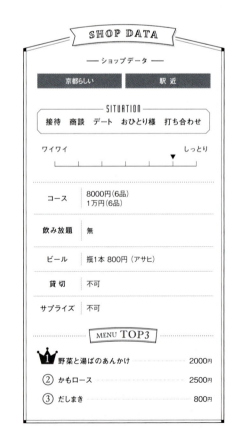

SHOP DATA
ショップデータ

| 京都らしい | 駅近 |

SITUATION
接待　商談　デート　おひとり様　打ち合わせ

ワイワイ　　　　　　　しっとり

コース	8000円（6品） 1万円（6品）
飲み放題	無
ビール	瓶1本 800円（アサヒ）
貸切	不可
サプライズ	不可

MENU TOP3
① 野菜と湯ばのあんかけ　2000円
② かもロース　2500円
③ だしまき　800円

地 京都市役所前（徒歩5分） 天ぷら

華麗な手さばきに思わずうっとり

01.各カウンター席の近くには揚げ場が設置されているので、どの席からでも職人の華麗な手さばきが眺められる 02.個室は階段をあがらなくてもいいように1Fに用意。8名用の「庭坐」と4名用の「坪坐」があり、接待や商談にはもってこい 03.脚までカラリと揚げた車海老の天ぷらは、味も然ることながら姿も美しい 04.素揚げした海苔に包まれたウニに高級珍味・ばちこを添えたひと品

点邑

接待向きの老舗カウンター

華麗に揚げられていく天ぷらに眼福！

創業300年以上と京都でも長い歴史を持つ名旅館[俵屋旅館]の支店である天ぷら専門店。毎日届く山の幸、海の幸から板長の小林さんがメニュー構成を考える。綿実油で揚げる京風の天ぷらは、食材の旨みを閉じ込めるため衣は薄く仕上げている。流れるような手つきと美しい天ぷらに、思わずじっくり眺めてしまう。

The average budget 平均予算（1人）
10,000 YEN～

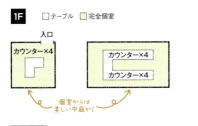
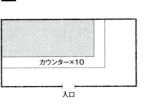

| 最大宴会人数10名 | カウンター 22席 ／ テーブル 無 ／ 半個室 無 ／ 完全個室 2〜8名×2室 |

点邑
てんゆう

📞 075・212・7778

📍 京都市中京区麩屋町通三条上ル下白山町299

💳 VISA・MasterCard・AMEXなど

🕐 11:30〜13:30(LO)
17:30〜21:00(LO)

🚭 全席禁煙

休 火曜 Ｐ 無

MAP ▶ P119-04／B1

SHOP DATA
— ショップデータ —

| 眺めがいい | 京都らしい | 駅近 |

SITUATION
同窓会 接待 商談 顔合わせ 女子会

ワイワイ ——————— しっとり▼

コース	1万円（約11品）、1万3000円（約14品）1万5000円（約14品）
飲み放題	無
ビール	1杯 810円（サントリー）
貸切	不可
サプライズ	不可

MENU TOP3

👑1	会席天ぷら	1万3000円
②	天ぷらコース	1万円
③	会席天ぷら	1万5000円

| 地 京都市役所前（徒歩3分） | 京 三条（徒歩5分） | | 京料理 |

彩りにも味付けにもこだわる前菜

01.涼やかな池が配された美しい中庭が望める座敷で大事な接待や商談をすれば、仕事がスムーズに進むはず 02.小芋やかぼちゃ、針人参をそれぞれ別の鍋で味付けした一品 03.京の風情を感じる外観。のれんや奥へと続く石畳に、美食への期待も自然と高まっていく

上木屋町 幾松

接待に最適！

偉人が愛した建造物で食事！

先人が思いを馳せる建物で京料理を満喫

幕末・明治維新で活躍した桂小五郎と、芸妓で後に婦人となる磯松の寓居跡である築200年の建物を活かしたこちら。風情残る座敷に中庭など、先人たちが愛した京の情緒が満喫できるので、接待や商談におすすめだ。冬瓜や近江こんにゃく、針人参など、関西一円の食材を中心に使い、素材本来の風味を引き出す味付けを楽しんで。

The average budget
平均予算（1人）
15,000 YEN〜

最大宴会人数80名　カウンター 無 ／ テーブル 2〜80名×8卓 ／ 半個室 無 ／ 完全個室 2〜80名×8室 ※川床は80名まで。6〜9月のみ

上木屋町 幾松
かみきやまち いくまつ

所 京都市中京区木屋町通御池上ル上樵木町497
時 11：30〜13：30（LO）、17：30〜19：30（LO）
休 不定休　P 無
MAP ▶ P118-04／C1

☎ 075・231・1234

CARD VISA・MasterCard・DC・ダイナースクラブ・AMEX・JCBなど

禁煙席有

SHOP DATA
ショップデータ

眺めがいい　京都らしい　駅 近

SITUATION
同窓会　接待　商談　打ち合わせ　顔合わせ

ワイワイ ——————▼—— しっとり

コース	昼 5658円（10品）、7200円（10品） 夜 1万4400円（12品）
飲み放題	無
ビール	1杯 800円（アサヒ、キリン） 瓶1本 1050円（アサヒ、キリン、サントリー）
貸切	不可
サプライズ	可 ※前日までに要予約

京 祇園四条（徒歩7分）　阪 河原町（徒歩7分）　　　　　中華

大傳月軒 洋館で満喫！

エキゾチックな洋館で中華をシェア

明治期の町家と大正期の洋館が合わさった、厳格な佇まいの建物で味わうのは本格中華。手間ひま掛けた北京ダックや点心師による小籠包などがリーズナブルに楽しめる。ボリュームもあるので、シェアしながら、ワイワイと宴会を楽しむのにぴったり。

平均予算（1人） 8,000 YEN〜

01.洋館にある3Fの個室からは、京の街が一望できる。洋室で古都の風景を眺めながら食べる中華は刺激的な味わいだ
02.生の鶏を自家製窯で焼き上げる北京ダックは必食。口に広がる鶏の風味に驚くはず

1F □テーブル ■完全個室
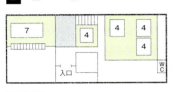

2F

3F

最大宴会人数36名　カウンター 無 ／ テーブル 2〜13名×14卓 ／ 半個室 無 ／ 完全個室 2〜16名×8室

大傳月軒
だいでんげっけん
所 京都市下京区美濃屋町173
時 11:30〜15:00（LO/14:00）、17:00〜23:00（LO/22:00）
※ディナーのみサービス料別途10%
休 無休　P 無
📞 075・353・9021
CARD VISA・MasterCard・AMEXなど
禁煙席有
MAP ▶P118-04／C3

SHOP DATA — ショップデータ —
眺めがいい　京都らしい　飲み放題あり

SITUATION
接待　記念日　デート　女子会
ワイワイ ────▼──── しっとり

コース	5184円（8品）、7020円（9品） 1万800円（9品）
飲み放題	1944円（11種、90分）
ビール	1杯 650円（キリン） 瓶1本 650円（アサヒ、キリン）
貸切	可 ※1ヶ月前までに要予約
サプライズ	不可

地 京都市役所前（徒歩4分）　　　　　割烹

割烹 露瑚 鰻の寝床で絶品京料理

鴨川沿いの町家で気軽に会席を食す

築100年を超える京町家を改装した京料理店。町家の風情と合わせて楽しみたいのが、鱧や鮎など、京都ならではの食材を使った会席コースだ。他にも鍋コースや女子会コースなど豊富に用意されているので、好みに合わせて仲間と楽しめる。

平均予算（1人） 4,000 YEN〜

01.4名から利用できる個室は、京町家独特の雰囲気が感じられる。季節の生花が部屋に彩りを加える　02.ノドグロ一匹を型が崩れないよう慎重に仕上げた煮付け　03.魚や野菜をくぐらせて味わう湯葉フォンデュ、椀物、揚げ物などがついたコースもお手軽で嬉しい

1F □テーブル ■座敷 ■完全個室 ■靴の着脱要
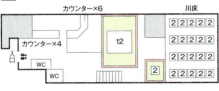

2F

最大宴会人数40名　カウンター 10席 ／ テーブル 2〜12名×8卓 ／ 半個室 無 ／ 完全個室 2〜4名×4室 ／ 川床は2〜4名×20卓。6〜9月のみ

割烹 露瑚
かっぽう ろこ
所 京都市中京区木屋町通御池上ル樵木町491-6
時 11:30〜14:30、17:30〜22:00（LO/20:30）
休 不定休　P 無
📞 075・212・0297
CARD VISA・MasterCard・DC・AMEX・JCB
禁煙席有
MAP ▶P117-03

SHOP DATA — ショップデータ —
眺めがいい　京都らしい　駅近　飲み放題あり

SITUATION
歓送迎会　同窓会　接待　打ち合わせ　記念日
ワイワイ ────▼──── しっとり

コース	5500円（9品） 7000円（9品）
飲み放題	1500円（90分）〜
ビール	1杯 600円（サントリー） 瓶1本 700円（サントリー）
貸切	可（20〜40名）※3日前までに要予約
サプライズ	可 ※3日前までに要予約

フレンチ

01.140年以上の歴史を持つ元老舗料理旅館。四季折々の鴨川や京都の山々の風景を眺めることができる 02.夏には古都の風光明媚な雰囲気に浸れる納涼床も 03.通常は1Fの優美で落ち着いたダイニングがメイン。大人数やパーティ時は、上階のホールを使用できる

01 鴨川沿いの好ロケーション

FUNATSURU KYOTO KAMOGAWA RESORT

パーティにもってこい♪

風美な絶景を眺めながら本格フレンチを食す

フランスの三ツ星店で腕を磨いたシェフが腕を振るうフレンチが堪能できる[鮒鶴]。洗練された和モダンな空間は、京都でも長い歴史を持つ料理旅館だった建造物をリノベーションして演出。さらに旬の食材を使った料理は、見た目にも美しく京らしさが感じられる。1Fのダイニングに加え、予約すれば上階にある大ホールも使えるので、大きなパーティにはもってこいだ。

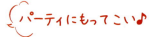

平均予算（1人）
10,000 YEN〜

100名以上収容可能なホールも！

最大宴会人数200名　カウンター 無 ／ テーブル 4名×16卓 ／ 半個室 無
完全個室 60〜200名×3室

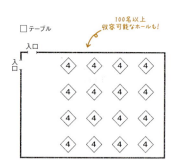

FUNATSURU KYOTO KAMOGAWA RESORT
フナツル キョウト カモガワ リゾート
📍 京都市下京区木屋町通松原上ル美濃屋町180
🕐 11:30〜14:00 (LO)、17:30〜21:00 (LO)
　※パーティ受入時間11:00〜22:00
休 火曜　P 無
☎ 0120・075・390
CARD 不可
🚭 全席禁煙（喫煙スペース有）
MAP▶P120-05／C2

SHOP DATA — ショップデータ

眺めがいい　京都らしい　飲み放題あり

SITUATION
打ち上げ　歓送迎会　同窓会　ウエディング　接待

ワイワイ ▼ しっとり

コース	ランチ 6480円（5品）※飲み放題別 ディナー 1万800円（5品）※飲み放題込 1万800円（16品、ビュッフェ料理）※飲み放題込
飲み放題	2160円（6種、120分） 2700円（9種、120分）など 飲み放題付のコース有
ビール	瓶1本 1000円（アサヒ）
貸切	可（10〜200名）※10営業日前までに要予約
サプライズ	可 ※前日までに要予約

京都市役所前(徒歩2分)　　　　　　　　　　　　　　　　　　　フレンチ

01.入口の庭園や壮大な荘厳な雰囲気の外観は、誰もが目を引く　02.オープンキッチンでは料理長自ら腕を振るう姿が眺められる。華麗な手さばきに注目！　03.都会の喧騒を離れた窓際の席では、竹林の中庭を見ながら食事が楽しめる　04.色鮮やかな京都産の野菜にフォアグラを乗せた一品

FORTUNE GARDEN KYOTO　特別な日にはココ！

心をときめかせる料理と空間で特別な日を彩る

河原町通りでひと際目を引く荘厳なエントランスは、1927年に建てられた、島津製作所旧本社ビルをリノベートしたカジュアルに使えるレストラン。ウエディングが行える空間で、旬の食材を使ったフレンチが味わえるとあって、カップルを中心に大人気。竹林の庭を眺めることができるレトロモダンな雰囲気の中、京素材を使った料理を味わって。20〜150名の宴会もパーティ会場で行えるので気軽に相談を。

The average budget
平均予算 (1人)
4,500 YEN〜

SHOP DATA
ショップデータ

眺めがいい　京都らしい　夜遅　駅近　飲み放題あり

SITUATION
打ち上げ　歓送迎会　同窓会　接待　記念日

ワイワイ ▼ しっとり

コース	3000円(4品)
飲み放題	2500円(20種、90分) 2000円(15種、90分)
ビール	1杯 800円(サントリー) 瓶1本 800円(キリン)
貸切	不可
サプライズ	可 ※前日までに要予約

MENU TOP3
① イベリコブルーマ 牛蒡とシェリービネガーソース　3200円
② ムール貝の白ワイン蒸し　1000円
③ ビストロのカニクリームコロッケ　280円

カウンター18席／テーブル2〜30名×約4卓／半個室2〜4名×1室／完全個室6〜10名×1室

FORTUNE GARDEN KYOTO
フォーチュン ガーデン キョウト

📞 075・254・8843

京都市中京区河原町通二条下ルー之船入町386-2
ランチ11:00〜14:00 (LO)、カフェ・バー14:00〜24:00、ディナー17:30〜24:00 (LO／23:00)
不定休　P無
MAP ▶ P117-03

VISA・MasterCard・DC・ダイナースクラブ・AMEX・JCBなど
全席禁煙

地 京都市役所前（徒歩3分）　　　　　　　　　　　　　　　　　　　　フレンチ

席間隔も広く
ゆったりと寛げる

01.開放的な店内には純白の空間に映えるシェフ自ら手掛けた器が飾られ、落ち着きのある雰囲気　02.まるで路地のようなアプローチは、非日常の世界への入口のよう　03.月替わりのコースの一例。ひと口サイズの八寸は、約13種が盛り付けられている。季節の食材をふんだんに使っており、彩りも鮮やか　04.皿をキャンバスに見立てて、風情ある京都を表現した強肴など、どれも目を引く

皿の上で
和食と仏料理が
コラボ！

京料理とフレンチ
龍のひげ
隠れ家で洗練された京仏料理を

温故知新がテーマの唯一無二の料理

繁華街の大通りから路地へ入ると見えてくる人気店。看板もなくひっそりと佇むこの店では、13種の八寸が出てきたかと思えば、かぼちゃのムース仕立てのサラダが出てきたりと、京料理の技とフレンチの華やかさを合わせた料理が楽しめる。8名以上で利用できる人気の完全個室は、特別な人と訪れるには最適な雰囲気だ。

The average budget
平均予算（1人）
7,000 YEN～

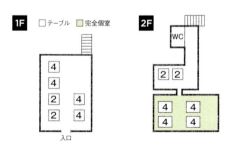

1F □テーブル ■完全個室
2F

最大宴会人数20名　カウンター 無　／　テーブル 2〜4名×12卓　／　半個室 無　／　完全個室 6〜16名×1室

京料理とフレンチ 龍のひげ
きょうりょうりとフレンチ りゅうのひげ

📞 075・221・1551

📍 京都市中京区河原町通御池下ル下丸屋町401-5
🕐 11:30〜14:00（LO／13:30）
　　17:30〜23:00（LO／20:30）
休 月曜　P 無
💳 VISA・MasterCard・DC・
　　ダイナースクラブ・AMEX・JCBなど
🚭 全席禁煙

MAP▶P118-04／C1

SHOP DATA
ショップデータ

京都らしい　　駅近

SITUATION
接待　記念日　顔合わせ　デート　女子会

ワイワイ　　　　　　　　　しっとり

コース	4104円(8品)、5940円(9品) 7560円(8品)
飲み放題	無
ビール	1杯 734円(サントリー)
貸切	可(16〜20名) ※1Fのみ
サプライズ	可 ※前日までに要予約

42

フレンチ

Paris21e

気取らず楽しめるカジュアルフレンチ

パリの21区目をコンセプトにしたカフェブラッスリー。高コスパのランチは普段遣いに、料理とワインが気軽に楽しめるディナーは大切な人との記念日に…と、幅広いシーンに対応。リラックスできる空間とサービス、そして本格フレンチに、自ずと足が向かってしまう。

平均予算(1人) **2,800 YEN〜**

01.結婚式の二次会にもおすすめの華やかな店内。広々としたテーブルのほか、バーカウンターも完備 02.ガッツリ食べたい肉グルメも充実。ステーキやソーセージ、ローストビーフなど豊富に揃う

最大宴会人数150名 / カウンター 6席 / テーブル 2〜4名×36卓 / 半個室 10〜14名×1室 / 完全個室 無

Paris21e
パリ ニジュウイック

☎ 075・252・2572
京都市中京区寺町通錦小路上ル円福寺前283 WITH YOUビル2F
11:30〜23:00（フードLO／22:00、カフェLO／22:30）
無休　P無
CARD VISA・MasterCard・DC・ダイナースクラブ・AMEX・JCBなど
禁煙席有

MAP▶P119-04／B2

SHOP DATA － ショップデータ －

子供連れ歓迎　駅近　飲み放題あり

SITUATION
歓送迎会　同窓会　ウエディング　デート　女子会

ワイワイ ────▼──── しっとり

コース	4000円(8品)、4500円(8品) 5000円(8品)
飲み放題	1500円(20種、105分)
ビール	1杯 583円(キリン)
貸切	可(25〜150名)※1週間前までに要予約
サプライズ	可 ※2日前までに要予約

フレンチ

Restaurant 信

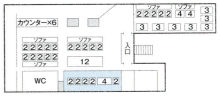

趣ある京町家でフレンチコースに舌鼓

京都・園部の契約農家より届く朝採りの無農薬栽培の野菜を60種以上も使った、色鮮やかなコースはまるで芸術。野菜が持つ甘み、苦み、旨みを引き立てるシンプルな味付けに舌が唸る。築100年の京町家で味わう創作フレンチで、大切な日を豪華にしよう。

01.前菜からデザートに至るまで目を離さない。じっくりと火を通した鴨胸肉とフォアグラソテーは一緒に味わうと、口の中で旨みがさらに広がる　02.寺町通り沿いで白壁が印象的な外観。中は意外と広くゆったりできる

平均予算(1人) **8,000 YEN〜**

最大宴会人数14名 / カウンター 無 / テーブル 2名×7卓 / 半個室 無 / 完全個室 無

Restaurant 信
レストラン しん

☎ 075・231・1211
京都市中京区寺町通竹屋町下ル久遠院前町667-1
11:30〜14:30、18:00〜21:00
月曜　P無
CARD VISA・MasterCard・DC・ダイナースクラブ・AMEX・JCBなど ※ディナーのみ
全席禁煙

MAP▶P117-03

SHOP DATA － ショップデータ －

京都らしい　飲み放題あり

SITUATION
打ち上げ　歓送迎会　接待　記念日　デート

ワイワイ ──────▼── しっとり

コース	8000円(12品)※飲み放題別 1万円(12品)※飲み放題込
飲み放題	飲み放題付のコース有
ビール	瓶1本 700円(アサヒ)
貸切	可(10〜14名)※3日前までに要予約
サプライズ	可 ※3日前までに要予約

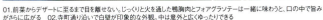
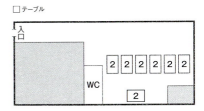

京 祇園四条（徒歩6分）　阪 河原町（徒歩8分）

デートのときは
カウンターでしっとりと

イタリアン

京都鴨川倶楽部 大人の隠れ家

数寄屋造りの町家で味わう贅沢イタリアン

木屋町にありながら鴨川に隣接する、知る人ぞ知る名店。トスカーナで修業を積んだシェフが腕を振るうこちらは、見た目からソースに至るまで、本物志向。個室のほか、カラオケもあるので、忘年会や合コンなど、盛り上がりたいときにもおすすめ。

The average budget
平均予算（1人）
7,000 YEN～

01．バーカウンターを思わせるシックなカウンターは、栃の木の一枚板を使用。一人で寛ぎたいときや、恋人との特別な時間を演出　02．コースメインの一例。北海道産仔羊のロースやモモ、サルシッチャの3種。肉の味がそのまま楽しめるワイルドな一品　03．鴨モモ肉とポルチーニ茸ソースの自家製パッパルデッレ

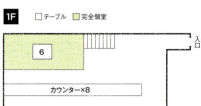

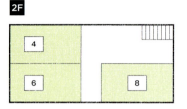

最大宴会人数12名　カウンター 8席　／　テーブル 4～8名×4卓　／　半個室 無　／　完全個室 4～8名×4室

MAP▶P118-04／C3

京都鴨川倶楽部
きょうとかもがわくらぶ

所　京都市下京区木屋町通仏光寺上ル天王町151
時　18:00～翌1:00 (LO)
　　日曜、祝日～翌1:00 (LO／24:00)
休　不定休　P 無

☎ 075・353・2258

CARD　VISA・MasterCard・DC・
　　　ダイナースクラブ・AMEX・JCBなど
禁煙席無

SHOP DATA
── ショップデータ ──

| 眺めがいい | 京都らしい | 夜遅 | 飲み放題あり |

SITUATION
打ち上げ　接待　商談　記念日　顔合わせ

ワイワイ　　　　▼　　　　しっとり

コース	5500円(6品)、8000円(7品) 1万500円(7品)
飲み放題	2500円(10種、90分)　※4名以上でオーダー可
ビール	1杯 900円 (サントリー)
貸切	不可
サプライズ	可　※前日までに要予約

京 祇園四条（徒歩4分）　阪 河原町（徒歩5分）

創作料理

バイタルサイン 女子大興奮の店

女性に嬉しいヘルシー野菜料理に舌鼓

「新鮮な野菜が持つ本来の旨みを引き出す」をコンセプトにした、ヘルシーメニューが揃う女性御用達のバル。フレンチと和食を経験したシェフが、コース料理からヒントを得た重箱入りのサラダなど、創意工夫を重ねた料理に出合えるはず。

01．ウッドベースの温かみを感じるカウンター。野菜のイメージに合わせた、自然由来の内装が安らぎの空間を演出　02．季節の野菜を使用した一汁三菜サラダは、彩り豊かで目を奪われる(写真は2人前)

写真をSNSにアップしたい！

The average budget
平均予算（1人）
4,000 YEN～

最大宴会人数25名　カウンター 7席　／　テーブル 2～5名×4卓　／　半個室 無　／　完全個室 無

MAP▶P118-04／C3

バイタルサイン
バイタルサイン

所　京都市下京区西木屋町通四条下ル船頭町235
時　18:00～24:00
休　火曜、他月1日不定休
P　無

☎ 075・744・6018

CARD　不可
禁煙席無

SHOP DATA
── ショップデータ ──

| 夜遅 | 駅近 |

SITUATION
打ち上げ　歓送迎会　記念日　デート　女子会

ワイワイ　▼　　　　　しっとり

コース	無
飲み放題	無
ビール	1杯 600円 (サッポロ)
貸切	可　※要相談
サプライズ	可　※要相談

 京 三条（徒歩4分） 地 京都市役所前（徒歩5分）　　　　イタリアン

旬食材が持つ本当の美味しさに感動

01.入口から伸びるカウンターは、オーナーシェフ小長谷さんの「僕らの思いがダイレクトにお客様に伝わるように」と割烹スタイルに　02.ディナーコースの一例。たけのこやノドグロを使った一品　03.看板が出ておらず、素通りしてしまいそうな外観。京町家をベースに、レンガ壁などイタリアの風を取り入れるのは、料理と同じスタンス　04.ダシのやさしい味わいが魅力の、うすい豆とモッツァレラトマトのジュレ

Obase

大事な商談はココ！

割烹スタイルで味わう和と伊のコラボ！

割烹のようにすらっと伸びるカウンターが印象的なイタリアン。名店［イル・ギオットーネ］や［よねむら］で修業した小長谷シェフが、腕を振るうコースが楽しめる。生産者が丹精込めた食材を第一に考え、昆布ダシや醤油、味噌など、和食の技法を取り入れたイタリア料理を提供。そのイタリアンの枠にとらわれない味わいに、大事な商談もきっとうまくいくはず。

The average budget
平均予算（1人）
10,000 YEN～

1F　□テーブル　■完全個室　　**2F**

カウンター×9　　　　　　　　　　4／4／8

最大宴会人数25名　カウンター 9席／テーブル 4〜8名×3卓／半個室 無／完全個室 5〜8名×1室

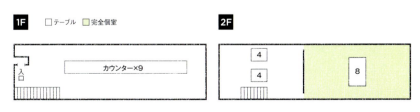

Obase
オバセ
京都市中京区姉小路河原町東入ル恵比須町534-39
12:00〜13:30（LO）、18:00〜21:30（LO）
休 水曜　P 無
MAP▶P118-04／C1

☎075・211・6918
VISA・MasterCard・AMEX・JCBなど
全席禁煙

SHOP DATA
ショップデータ

ファミリーでも個室なら安心

| 京都らしい | 子供連れ歓迎 | 駅近 |

SITUATION
歓送迎会　接待　商談　打ち合わせ　記念日

ワイワイ　　　　　▼　しっとり

コース	ランチ 4000円（5品） ディナー 8000円（7品）
飲み放題	無
ビール	1杯 850円（サッポロ）
貸切	可（16〜25名）※10日前までに要予約
サプライズ	不可

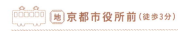
地 京都市役所前(徒歩3分)

目でも楽しむ
ひと皿に感動

ステーキ・フレンチ

01.目の前の鉄板で熟練の手さばきが見られるカウンター。窓から見える京都の夜景がロマンチック 02.コースの一例。グラスを開けるとスモークが上がるアトランティックサーモンの瞬間スモーク根菜のギリシャ風添え 03.コースの最後に出されるステーキには、美しいサシが入った牛肉を使用。口の中で脂が溶け出す

素福

趣向を凝らした料理に注目

五感で楽しむフレンチで特別なひとときを

地上8Fに設えた和モダン空間では、東山や鴨川の夜景が一望できるこちら。素材にこだわるコース料理には、サーモンに纏わせたスモークが薫るアミューズ、海鮮焼きなどの中に、フレンチの技法を取り入れた、数々のギミックが隠されている。締めには本場神戸スタイルの鉄板焼きが登場。絶景とともに味わう口福な料理で、大満足な一夜を過ごして。

The average budget
平均予算(1人)
10,000 YEN〜

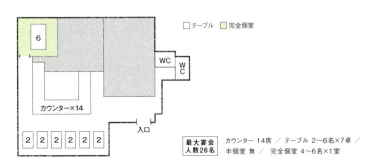

最大宴会人数26名　カウンター14席／テーブル2〜6名×7卓／半個室 無／完全個室 4〜6名×1室

素福
そうふく
☎075・256・0333

所 京都市中京区木屋町通三条上ル上大阪町521
　京都エンパイアビル8F
時 17:00〜23:00 (LO／21:00)
休 不定休　P 無
VISA・MasterCard・DC・ダイナースクラブ・AMEX・JCBなど
全席禁煙

MAP▶P118-04／C1

SHOP DATA
ショップデータ

眺めがいい　駅近

SITUATION
打ち上げ　歓送迎会　同窓会　接待　記念日

ワイワイ　　　　　　　　　しっとり▼

コース	8980円〜(7品) 1万円〜(8品)
飲み放題	無
ビール	1杯 680円(キリン)
貸切	可 (14〜32名) ※1週間前までに要予約
サプライズ	可 ※前日までに要予約

居酒屋

髙瀬川くりお

高瀬川沿いの和モダン空間

高瀬川のせせらぎと上質な和食に酔いしれる

高瀬川に臨む築120年の京町家。剥きだしの梁や柱、天井はそのままに、"和の心"を意識したインテリアで飾られた和モダン空間は、接待や商談に最適。地場の農家から直送される京野菜を使った料理は、素材の味を引き立てる和食の美学が感じられる。

京都を感じる窓外の景色

The average budget 平均予算（1人）**4,500 YEN〜**

01.提灯が灯る高瀬川に寄り添うように佇む店構え。築120年の建物が放つ歴史の重みが心地よい雰囲気にさせてくれる 02.夜の闇に浮かび上がる重厚な京町家。真っ白なのれんが印象的 03.冬の季節に味わいたい葱ゆず雑炊。柚子の爽やかな風味と、葱の芳醇な香りに心が洗われ、体を芯から温めてくれる

最大宴会人数16名　カウンター 無／テーブル 2〜6×11卓／半個室 4〜14名×1室／完全個室 無

髙瀬川くりお
たかせがわ くりお
京都市下京区木屋町通四条下ル船頭町273-1
17:30〜23:30（LO/22:30）
無休　P 無
075・344・2299
VISA・MasterCard
禁煙席無

MAP ▶ P118-04／C3

SHOP DATA — ショップデータ —

| 眺めがいい | 京都らしい | 駅近 | 飲み放題あり |

SITUATION
打ち上げ　歓送迎会　同窓会　接待　デート
ワイワイ ────▼──── しっとり

コース	3980円(9品) 3980円(7品)
飲み放題	1680円(15種、120分)
ビール	1杯 600円（サントリー）
貸切	不可
サプライズ	不可

 河原町（徒歩4分）　祇園四条（徒歩8分）

蕎麦

京都 中之光庵

小粋な蕎麦宴会にオススメ

大人の楽しみを現代風にアレンジする次世代蕎麦

ラインバーのようなカウンター、中庭に臨むモダンなテーブルが蕎麦処とは思えない洗練された空間。湿度や季節に応じて配合を変える一杯は、ひと口目では香りを味わい、次にダシの旨みを楽しむことができる関東風だ。名物のかしわ料理と一緒に、ハイセンスな蕎麦を楽しもう。

ジューシーなかしわを満喫

The average budget 平均予算（1人）**4,000 YEN〜**

01.カウンターは、目の前で調理が見られる特等席。料理長の真剣な表情にうっとり 02.皮目をパリッと焼き上げた丹波黒鶏も必食。店の石臼で挽かれた手打ちそばと一緒に味わってみて

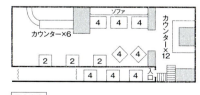

最大宴会人数38名　カウンター 18名／テーブル 2〜10名×18卓／半個室 無／完全個室 2〜10名×1室

京都 中之光庵
きょうと なかのこうあん
京都市下京区寺町通仏光寺上ル中之町569
11:00〜23:30（LO/22:30）
無休　P 無
075・343・7711
VISA・MasterCard・AMEXなど
全席禁煙

MAP ▶ P119-04／B3

SHOP DATA — ショップデータ —

| 京都らしい | 子供連れ歓迎 | 駅近 |

SITUATION
歓送迎会　同窓会　接待　商談　デート
ワイワイ ────▼──── しっとり

コース	ランチ 2200円(3品)、3500円(4品)
飲み放題	無
ビール	1杯 550円（サントリー） 瓶1本 700円（キリン、サッポロ）
貸切	不可
サプライズ	可 ※誕生日プレート有。3日前までに要予約

47

 京 祇園四条（徒歩4分） 阪 河原町（徒歩5分）　和食

月彩

 創作割烹を大人の空間で

日本各地の旬食材が集う美食店

モダン割烹が楽しめるこちら。中でも北海道の職人に弟子入りした店主が毎年現地で仕込むイクラの醤油漬は、甘辛い醤油とイクラの甘みが絡み合い酒を煽ると好評。また、名物の山原豚シャブシャブやフグ、クエの鍋コースにも注目して。職人が並ぶカウンターはカップルにも、大広間や個室は宴会や接待におすすめ。

平均予算（1人）**6,500 YEN〜**

01.職人たちとの会話も魅力。厳選されたお酒と相性を考えられた肴が目の前で作られていくカウンターがおすすめ
02.北海道直送の毛蟹や明石産の伝助穴子など、新鮮な海鮮は店主自ら市場で仕入れてくる

全国から厳選した素材が揃う

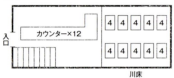

最大宴会人数20名　カウンター 12席／テーブル 4〜8名×6卓／半個室 無／完全個室 4〜8名×2室
※川床は2〜4名×10卓。6〜9月のみ

月彩
かっさい
京都市下京区木屋町通団栗橋下ル天王町144
11:30〜14:00（LO）※月〜金曜日は要予約
17:00〜24:00（LO／23:30）
休 日曜　P 無

☎075・344・0007

VISA・MasterCard・AMEX・JCBなど
禁煙席無

MAP▶P118-04／C3

SHOP DATA
ショップデータ

京都らしい　夜遅　駅近

SITUATION
打ち上げ　接待　記念日　デート　女子会

ワイワイ ───▼─── しっとり

コース	5000円（9品）、6500円（8品） 8500円（9品）
飲み放題	無 ※応相談
ビール	1杯 600円（サッポロ）
貸切	可（10〜20名）※3日前までに要予約、広間のみ
サプライズ	可

 阪 河原町（徒歩5分） 京 祇園四条（徒歩9分）　居酒屋

京のおへそ

 おばんざいで一杯

屋台のような気軽さで美味しいおばんざいを満喫

気軽に立ち寄れる屋台のような居酒屋のこちら。全面ガラス張りの開放感溢れる内装が気分を盛り上げる。料理は亀岡や大原など、京都の美味しい食材を使ったおばんざいに、牛すじとこんにゃくの煮物などの一品料理、デザートまでがスタンバイ。なかでも白湯スープのおでんは、季節の野菜がホクホクになるまで煮込まれた必食の一品。

平均予算（1人）**4,000 YEN〜**

ちょい呑みでも宴会でもOK！

01.温かみを感じる木目調の店内。ひとりでも楽しめるカウンター席に加えて、仲間とワイワイ楽しめる広めのテーブル席も完備
02.白湯でじっくり煮込まれたおすすめおでん6種盛は、素材の味を引き立てるシンプルな味付け
03.野菜をたっぷり使った京水菜と大根のパリパリサラダ

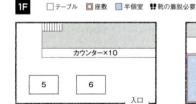
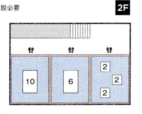

最大宴会人数30名　カウンター 10席／テーブル 5〜6名×7卓／半個室 2〜10名×3室／完全個室 2〜10名×1室 ※半個室の襖を外して対応

京のおへそ
きょうのおへそ
京都市中京区御幸町通錦小路上ル船屋町386
17:00〜24:00（LO／23:30）
休 水曜（祝日の場合は営業、翌日休）　P 無

☎075・231・1152

VISA・MasterCard・AMEX・JCBなど
禁煙席無

MAP▶P119-04／B2

SHOP DATA
ショップデータ

京都らしい　夜遅　駅近　飲み放題あり

SITUATION
打ち上げ　歓送迎会　同窓会　接待　デート

ワイワイ ───▼─── しっとり

コース	3500円（8品）
飲み放題	1600円（90分）
ビール	1杯 600円（キリン）、瓶1本 600円（キリン）
貸切	可（4〜30名）※前日までに要予約
サプライズ	可 ※前日までに要予約

地 京都市役所前（徒歩2分） 居酒屋

01.ゆったりと寛げる掘り炬燵式の個室は、2名からでも利用可。個室それぞれの仕切りを外せば、最大30名までOK 02.丸ごと一本を塩焼きした鯖に、旨みが口に広がる大あさりバター醤油焼きなど、バリエ豊かな一品料理 03.木屋町御池の角に位置し、アクセス抜群 04.旬の魚介を使った造り5種盛りは、新鮮な素材を使っているので、食材が持つ本来の風味やコリコリとした食感が楽しめる

栞屋一會　大宴会にはココ！

全国から集まる地酒と魚で一献

[栞屋グループ]がプロデュースする海鮮と地酒の店。仕切りを使って2～30名まで利用可能な**大小さまざまな個室**は、シーンによって使い分けしやすい。料理の目玉は**鯖の一本塩焼き**は、じんわりと溢れる旨みがクセになり、酒の肴にも、宴の締めにもいいので、つい手がのびる。

平均予算（1人） 4,000 YEN～

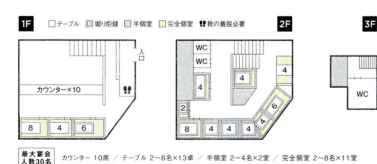

最大宴会人数30名　カウンター 10席 ／ テーブル 2～8名×13卓 ／ 半個室 2～4名×2室 ／ 完全個室 2～8名×11室

栞屋一會
しおりやいちえ

所 京都市中京区木屋町通御池上ル北東角
時 17:00～24:00（LO／23:30）
休 無休　P 無

☎ 075・212・3579
CARD VISA・MasterCard・DC・ダイナースクラブ・AMEX・JCB
禁煙席有

MAP ▶ P118-04／C1

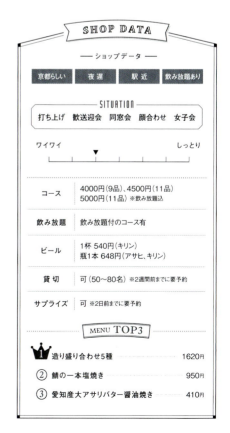

SHOP DATA — ショップデータ —

京都らしい　夜遅　駅近　飲み放題あり

SITUATION
打ち上げ　歓送迎会　同窓会　顔合わせ　女子会

ワイワイ ────▼──── しっとり

コース	4000円(9品)、4500円(11品) 5000円(11品) ※飲み放題込
飲み放題	飲み放題付のコース有
ビール	1杯 540円（キリン） 瓶1本 648円（アサヒ、キリン）
貸切	可（50～80名）※2週間前までに要予約
サプライズ	可 ※2日前までに要予約

MENU TOP3
① 造り盛り合わせ5種　1620円
② 鯖の一本塩焼き　950円
③ 愛知産大アサリバター醤油焼き　410円

阪 河原町（徒歩4分）　京 祇園四条（徒歩7分）　和食

御幸町ONO

カジュアル宴会に！

豊富な日本酒とダシの香りに誘われて

本格和食とおでん、日本酒がカジュアルに楽しめる一軒。夏には鱧、秋には松茸や栗など、季節の鮮魚や野菜を使った、種類豊富な和食を楽しめる。日本酒は奈良のやたがらすや徳島の土蜘蛛など、一風変わった多彩な35種以上の銘柄を揃える。

01.ウッドベースのインテリアに、爽やかな白壁が印象的な内観。モダンな雰囲気で楽しむ日本酒は、他にはないレアな銘柄が揃う 02.毎日市場から仕入れる鮮魚をさばく造りは天然にこだわり、旨みたっぷり。写真はお造り五種盛り 03.半熟玉子などが人気のおでんは、寒い時期にピッタリ

半熟をキープする玉子は間違いなし

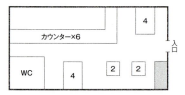

最大宴会人数10名 ／ カウンター 6席 ／ テーブル 2〜4名×4卓 ／ 半個室 無 ／ 完全個室 無

The average budget（1人）
3,500 YEN〜

SHOP DATA ショップデータ

京都らしい　夜遅　駅近

SITUATION
接待　デート　女子会　おひとり様　2軒目

ワイワイ ▼ しっとり

コース	無
飲み放題	無
ビール	1杯 600円（キリン） 瓶1本 600円（キリン、サッポロ）
貸切	不可
サプライズ	可 ※2日前までに要予約

御幸町ONO
ごこうまちオノ

📞 075・251・0708

🏠 京都市中京区御幸町通四条上ル大日町423
🕐 17:00〜24:00（LO／23:30）
休 水曜　P 無
CARD VISA・MasterCard・DC・ダイナースクラブ・AMEX・JCB
🚭 全席禁煙（喫煙スペース有）

MAP▶P119-04／B2

阪 河原町（徒歩5分）　京 祇園四条（徒歩8分）　おばんざい

棲家 新京極店

2〜50名まで多様に対応

フレッシュな旬の食材を新京極で味わう

「海からの獲れたて、土からの抜きたて」をモットーに、毎日仕入れる新鮮な食材が魅力。地産の刺身には、ツマではなくこれまた地産のボイル野菜がたっぷりと付くのも嬉しいポイントだ。個室やカウンター席と、さまざまなシチュエーションに適応可能。

01.旧家出身というオーナーの実家にあった調度品が並ぶ店内。さらに、猫好きでもある店主が惚れ込んだ猫グッズも 02.旬の野菜を贅沢に使った10種以上のおばんざいから、好きな3つをチョイス

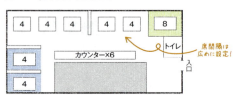
席間隔は広めに設定！

最大宴会人数50名 ／ カウンター 6席 ／ テーブル 4〜8名×8卓 ／ 半個室 2〜4名×2室 ／ 完全個室 4〜8名×1室

The average budget（1人）
3,500 YEN〜

SHOP DATA ショップデータ

京都らしい　夜遅　駅近　飲み放題あり

SITUATION
打ち上げ　歓送迎会　同窓会　ウエディング　接待

ワイワイ ▼ しっとり

コース	4000円（9品）、5000円（10品） 5500円（10品）※飲み放題込
飲み放題	2000円（約15種、120分） 飲み放題付のコース有
ビール	1杯 550円（サッポロ）
貸切	可（30〜50名）※1週間前までに要予約
サプライズ	可 ※前日までに要予約

棲家 新京極店
すみかしんきょうごくてん

📞 075・231・2922

🏠 京都市中京区新京極通蛸薬師下ル東側町508 2F
🕐 18:00〜翌1:00（LO／24:30）
休 無休　P 無
CARD VISA・MasterCard・DC・ダイナースクラブ・JCBなど
🚭 禁煙席有

MAP▶P119-04／B2

 京 神宮丸太町（徒歩7分） 地 丸太町（徒歩10分）

焼鳥・鶏料理

sumiyaki 燈

 ワイン片手にプチ贅沢

雰囲気抜群の焼き鳥店で優雅な女子会を

旬の野菜や上質な地鶏など、厳選した食材と自家製にこだわり、焼き鳥×ワインを提唱。なかでも淡海地鶏の串はあっさりしており、いくらでも食べられそう。おしゃれさやヘルシーな鶏料理、多様なシーンに対応できる店のスタイルは、大人女子の強い味方。

The average budget (1人) 平均予算 **4,500 YEN〜**

01. 少し照明を落とした落ち着いた店内。店主との対話を楽しみながらワインと串に舌鼓 02. 上質な脂が口の中で溶けだし、旨みを感じさせてくれる滋賀の淡海地鶏を使った串が人気の一品

1F ☐テーブル ☐掘り炬燵 ■座敷 ■半個室 ☐靴の着脱必要 2F

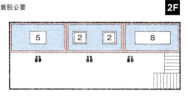

最大宴会人数8名　カウンター 12席 ／ テーブル 2〜8名×4卓 ／ 半個室 4〜8名×3室 ／ 完全個室 無

sumiyaki 燈
スミヤキ あかり

㊟ 京都市中京区寺町通丸太町下ル行願寺門前町2-1
⏰ 17:30〜24:00（LO／23:00）
休 日曜　P 無

MAP▶P117-03

📞 075・255・1390
💳 VISA・MasterCard・DC・ダイナースクラブなど
🚭 全席禁煙（喫煙スペース有）

SHOP DATA — ショップデータ —
| 京都らしい | 夜遅 |

SITUATION
接待　記念日　デート　女子会

ワイワイ ▼ しっとり

コース	有 ※予算に合わせて要相談。前日までに要予約
飲み放題	無
ビール	1杯 605円（サントリー）
貸切	不可 ※応相談
サプライズ	不可

お財布に優しいコース設定もあり！

 地 京都市役所前（徒歩4分）

炭火焼・創作鉄板料理

御幸町 純心軒

 シーンを選ばない店

旬野菜の旨みを楽しめる炭火焼きに舌鼓

自社農園で採れた新鮮旬野菜を中心に、炭火焼きと創作鉄板料理を提供するこちら。野菜本来の味を引き出すため、味付けは極力シンプルに。宴会にぴったりなコースも多く、**4名以上で注文できる5000円コースは、飲み放題120分付き**とお得感満載。

The average budget (1人) 平均予算 **4,000 YEN〜**

01. 全12席のカウンターは臨場感のある調理シーンも見所。ショーケースに入れられた色とりどりの野菜が食欲を膨らませる 02. 半個室は4〜6名で利用可。寛げるソファ席なのも嬉しい 03. 新鮮な自家農園の野菜は焼きがおすすめ。約20種から好きな野菜を選んで味わって

1F ☐テーブル ■半個室 ■完全個室 2F

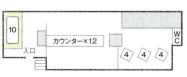

個室もあってゆったりできる！

最大宴会人数24名　カウンター 12席 ／ テーブル 2〜10名×10卓 ／ 半個室 4〜6名×2室 ／ 完全個室 8〜20名×2室

御幸町 純心軒
ごこうまち じゅんしんけん

㊟ 京都市中京区御幸町通御池下ル東側大文字町351-1
⏰ 17:00〜24:00（LO／23:30）
休 不定休　P 無

MAP▶P119-04／B1

📞 075・212・7535
💳 VISA・MasterCard・ダイナースクラブ・AMEX・JCBなど
🚭 禁煙席無

SHOP DATA — ショップデータ —
| 京都らしい | 夜遅 | 駅近 | 飲み放題あり |

SITUATION
接待　記念日　デート　女子会

ワイワイ ▼ しっとり

コース	3800円（8品）※飲み放題別　5000円（8品）※飲み放題込
飲み放題	2000円（25種、120分）※コース注文時のみオーダー可　飲み放題付のコース有
ビール	1杯 600円（キリン）、瓶1本 600円（キリン）
貸切	不可
サプライズ	可 ※前日までに要予約

🚋 京 祇園四条(徒歩2分) 阪 河原町(徒歩3分)　　おすすめの焼き加減はブラック&ブルー！　　熟成肉

01.プライベート感のあるB1Fのソファ席で、ゆっくりしながら、たっぷりの肉を楽しんで　02.約40日間寝かせたトマホークステーキ。岩塩や西洋わさび、特製ステーキソースで、それぞれの味を堪能　03.徹底的に衛生管理された熟成庫では、数十kgの肉が熟成されている　04.なんと総重量1kg！全10種以上の肉盛り、ニックビレッジ

Gottie's BEEF 四条木屋町　1ポンドの熟成肉を仲間とシェア！

極上肉の旨みを最大限引き出す

京都"熟成肉ブーム"の立役者のこちら。産地、育成法、部位を研究し尽くして生み出した究極のステーキは他の追随を許さない。1ポンドあるステーキは、甘い熟成香と濃縮された肉の旨みが口に広がり、肉好きをも唸らせる美味しさ。サラダやデザートなど、ボリューム満点のメニューを大人数でシェアしながら口福なひとときを。

The average budget
平均予算（1人）4,000 YEN～

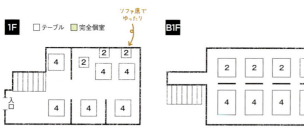

最大宴会人数60名　カウンター 無 ／ テーブル 2～4名×17卓 ／ 半個室 無 ／ 完全個室 20～24名×1室

Gottie's BEEF 四条木屋町
ゴッチーズ ビーフ しじょうきやまち
📞075・221・2682
所 京都市中京区木屋町通四条上ル鍋屋町223
時 11:30～13:00、17:00～24:00
休 無休　P 無
CARD VISA・MasterCard・AMEX・JCBなど
🚭 時間により禁煙（11:30～13:00）
MAP▶P118-04／C2

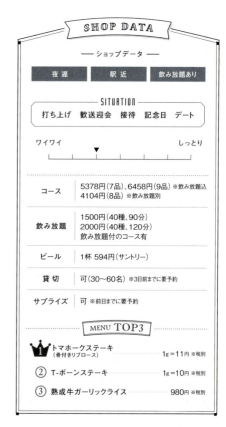

SHOP DATA — ショップデータ —
夜遅 ／ 駅近 ／ 飲み放題あり

SITUATION
打ち上げ ／ 歓送迎会 ／ 接待 ／ 記念日 ／ デート

ワイワイ ▼ しっとり

コース	5378円(7品)、6458円(9品)※飲み放題込 4104円(8品)※飲み放題別
飲み放題	1500円(40種、90分) 2000円(40種、120分) 飲み放題付のコース有
ビール	1杯 594円(サントリー)
貸切	可(30～60名)※3日前までに要予約
サプライズ	可 ※前日までに要予約

MENU TOP3
① トマホークステーキ(骨付きリブロース)　1g=11円 ※税別
② T-ボーンステーキ　1g=10円 ※税別
③ 熟成牛ガーリックライス　980円 ※税別

52

阪 河原町（徒歩6分） 京 三条（徒歩7分）　　　　焼肉

近江牛焼肉
回 -MAWARI-

近江牛三昧で満足必至

口でとろける近江牛を食べ尽くす焼き肉

近江牛がお手頃価格で食べられるこちらでは、一頭買いをすることでレアな部位も安価で提供。驚くべきはその圧倒的な品数で、多彩な種類の肉に、サラダやナムルなどサイドメニューさらにはデザートまで豊富な品目を楽しめるコースが揃う。がっつり食べたい焼き肉宴会の最有力候補として覚えておこう。

01.情緒溢れる座敷は、最大30名まで利用可能。注文はタッチパネル式で好きな時に追加注文できる　02.食べ放題のコースは、焼きしゃぶや近江牛カルビなど全68品から選べる4500円コースがおすすめ

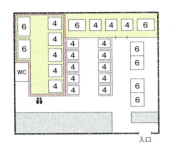
□テーブル ■座敷 ■完全個室 ■靴の着脱必要

最大宴会人数32名
カウンター 無 / テーブル 4～6名×26卓 /
半個室 無 / 完全個室 26～32名×2室

The average budget (1人)
3,000 YEN～

SHOP DATA
― ショップデータ ―

| 子供連れ歓迎 | 夜遅 | 飲み放題あり |

SITUATION
打ち上げ　歓送迎会　デート　合コン　女子会

ワイワイ ▼ しっとり

コース	2500円(46品)、3500円(62品) 4500円(68品)、5500円(80品)
飲み放題	880円(20種、120分) 1280円(50種、120分)
ビール	1杯 380円(サントリー)
貸切	不可
サプライズ	不可

近江牛焼肉 回 -MAWARI-
おうみぎゅうやきにく まわり

📞 **075・744・0429**

所 京都市中京区河原町通蛸薬師上ル奈良屋町291
　河原町Deck By Coast4F
時 17：00～翌1：00 (LO／24：00)
休 第3木曜　P 無
CARD VISA・MasterCard・DC・ダイナースクラブ・AMEX・JCB
禁煙席無

MAP▶P118-04／C2

 地 京都市役所前（徒歩3分） 京 三条（徒歩6分）　　　創作料理

野菜ソムリエのお店 旬菜ダイニング
十祇家

ヘルシーな野菜料理!

抜群の目利きで選んだ新鮮野菜で宴会を!

野菜ソムリエの資格も持つ店主が、農園に出向いて仕入れる地野菜を使った創作料理。蒸しや、焼きなど、素材の味を最大限に引き出す料理が魅力で、柚子と唐辛子が利いた白味噌仕立ての豆乳鍋がおすすめ。雑炊か麺で締めれば、宴会も大成功間違いなし。

01.豆乳鍋のコース。メインの鍋は、季節の野菜に加えて、特選豚か牛モツがセレクトできる　02.プライベート感溢れる離れの個室は、秋冬のみ利用することが可能。木目調で風情を感じられる空間

野菜たっぷりのヘルシー鍋!

本館
□テーブル ■掘り炬燵 ■半個室 ■完全個室 ■靴の着脱必要

別館

最大宴会人数48名
カウンター 10席 / テーブル 4～6名×10卓 / 半個室 4～6名×3室 / 完全個室 10～20名×1室

The average budget (1人)
3,500 YEN～

SHOP DATA
― ショップデータ ―

| 京都らしい | 子供連れ歓迎 | 夜遅 | 駅近 | 飲み放題あり |

SITUATION
歓送迎会　同窓会　デート　合コン　女子会

ワイワイ ▼ しっとり

コース	4300円(8品)、4500円(8品) 5000円(9品) ※飲み放題込
飲み放題	飲み放題付のコース有
ビール	1杯 550円(キリン)、瓶1本 600円(キリン)
貸切	可(32～48名) ※1週間前までに要予約
サプライズ	可 ※3日前までに要予約

野菜ソムリエのお店 旬菜ダイニング 十祇家
やさいソムリエのおみせ しゅんさいダイニング とぎや

📞 **075・241・2788**

所 京都市中京区木屋町通御池上ル上樵木町496 アイル竹嶋1F
時 12：00～14：30 (金・土・日曜、祝日のみ)
　 17：00～24：00 (LO／23：30)
休 不定休　P 無
CARD VISA・MasterCard・DC・ダイナースクラブ・AMEX・JCB
禁煙席無

MAP▶P118-04／C1

[京]清水五条(徒歩5分)

カフェ

マールカフェ

絶景カフェで大宴会！

8Fテラスからの眺望と定番ごはんが魅力

河原町五条に位置するビルの最上階にあるカフェは、京都の景色を一望できる。最大80名を収容できる大バコなので、結婚式の二次会など大パーティに最適。同フロアに40名収容可能なテラスもあり、使い方は自由自在。自家製ピクルスからパスタまで、食事も充実。

01.窓から京都の夜景が楽しめる。天井高の店内は開放感が抜群　02.名物のマールバーガーは国産牛100%のビッグなパテとともに、フライしたアボカドが挟まった大人気メニュー ※1日10食限定

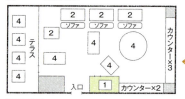

貸し切り状態で最大80名収容

The average budget
平均予算(1人)
2,500 YEN〜

最大宴会人数80名 ／ カウンター 5席 ／ テーブル 2〜4名×13卓 ／ 半個室 無 ／ 完全個室 1名×1室

マールカフェ
マールカフェ

📍 京都市下京区寺町通五条上ル西橋詰町762 京栄中央ビル8F
🕐 11:30〜23:30(LO)
休 無休　P 無
📞 075・365・5161
CARD 不可
🚭 全席禁煙(喫煙スペース有)

MAP▶P120-05／C2

[京]祇園四条(徒歩5分)　[阪]河原町(徒歩5分)

イタリアン

Taverna Mezzanotte

2軒目利用にも最適

肉好き歓喜の深夜飯

男性も喜ぶ深夜にガッツリイタリアン

イタリア語で深夜食堂という意味の店名通り、イタリアンでは珍しく夜3時まで営業しているこちら。飲み足りないときの二軒目や締めの一軒としてもおすすめだ。ソーセージやパテ、じっくり煮込んだ牛ホホ肉赤ワイン煮など、量多めのアラカルトは、深夜のガツ飯にもってこい。

01.人気メニューのゴルゴンゾーラのクリームソースリゾットは、仕上げにたっぷりとかけられたパルミジャーノチーズの香りが食欲をそそる　02.希少部位のイチボの旨みを最大限に引き出したイチボのタリアータ　03.夜になると木屋町通り沿いに明かりが灯る外観。闇に浮かぶ看板が目印

The average budget
平均予算(1人)
4,000 YEN〜

最大宴会人数17名 ／ カウンター 7席 ／ テーブル 2〜4名×3卓 ／ 半個室 無 ／ 完全個室 無

Taverna Mezzanotte
タヴェルナ メッザノッテ

📍 京都市下京区木屋町通仏光寺上ル天王町150 1F
🕐 17:00〜翌3:00(LO/翌2:30)
　日曜〜翌1:00(LO/24:00)
休 不定休　P 無
📞 075・351・5251
CARD VISA・MasterCard・DC・ダイナースクラブ・AMEX・JCBなど
🚭 禁煙席無

MAP▶P118-04／C3

54

京 清水五条（徒歩5分）　自分で作るのが楽しい手織り寿司♪　　　手織り寿し専門店

01.メニューは海老や穴子、天ぷらなど、12品の具材を使った手織り寿司「衣」のみ。イチゴやレーズンなど、意外な組み合わせも　02.木目調の落ち着いた店内は、剥きだしの柱や美しい中庭など、歴史を感じる空間　03.実家も寿司屋だったという店主の宇治田さん。経験を活かした食材選びにも評価が高い

AWOMB 西木屋町　少人数で手織り寿し

完全予約制の"手織り寿し"で至福の時を

京都産を中心とした旬の食材を40種も使った手織り寿しが味わえる。海老や穴子などの天ぷらや京野菜のおばんざいなど、15個の色鮮やかな料理には目を奪われる。昼夜共に完全予約制だが、予約は1人からと少人数でもOKなうえ、築80年の古民家を改装した落ち着きのある雰囲気なので、接待やデートなどの特別な日にもおすすめ。

The average budget 平均予算(1人) **3,500 YEN〜**

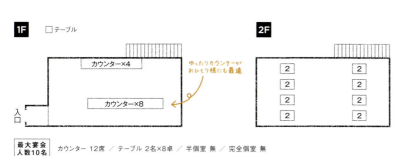

ゆったりカウンターがおひとり様にも最適

最大宴会人数10名　カウンター 12席／テーブル 2名×8卓　半個室 無　完全個室 無

AWOMB 西木屋町
アウーム にしきやまち

📞 075・203・5277

所 京都市下京区西木屋町通松原下ル難波町405
時 12:00〜14:00(LO)
　18:00〜20:00(LO)
　※完全予約制
休 不定休　P 無
CARD 不可
全席禁煙

MAP▶P120-05／C2

SHOP DATA — ショップデータ —

| 京都らしい | 駅近 |

SITUATION
記念日　おひとり様

ワイワイ ……………▼…… しっとり

コース	2970円(13品)
飲み放題	無
ビール	1杯 600円(京都地ビール)
貸切	不可
サプライズ	可 ※前日までに要予約

阪 河原町（徒歩4分）　京 祇園四条（徒歩5分）

たこ焼

たこ焼 京の華 京都河原町店

各テーブルにたこ焼き鉄板！　タコパで乾杯！

関西人のパーティならたこ焼きで決まり

自分でアツアツのたこ焼きを作れるという、ホームパーティ感が楽しい居酒屋。鉄板の温度管理が徹底されているため、初めてでも美味しくできるのでご安心を。豊富なサイドメニューに、プレミアムビールやこだわりハイボールなどドリンク類も魅力。

01.たこ焼きの他、鉄板焼きや揚げ物にサラダなど居酒屋メニューも充実。焼いて食べて盛り上がろう　02.定番のたこ焼きセット15個分810円。カレー、コチジャン、西京白味噌生地もスタンバイ

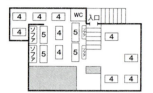

The average budget
平均予算（1人）
3,000 YEN〜

SHOP DATA ショップデータ

夜遅　駅近　飲み放題あり

SITUATION
打ち上げ　歓送迎会　同窓会　デート　女子会

ワイワイ ──────── しっとり

コース	1980円（5品〜）※人数により品数変動 4800円（8品）※飲み放題込、6名以上、要予約
飲み放題	飲み放題付のコース有
ビール	1杯 518円〜（サントリー）
貸切	可（30〜60名）※1週間前までに要予約
サプライズ	可 ※3日前までに要予約

最大宴会人数60名　カウンター 無／テーブル 4〜5名×14卓／半個室 無／完全個室 無

たこ焼 京の華 京都河原町店
たこやき きょうのはな きょうとかわらまちてん

所 京都市中京区河原町通蛸薬師下ル下大阪町349-6 イシズミビルB1F
時 17：00〜24：00（LO／23：00）
休 不定休　P 無

☎ 075・221・8087
CARD VISA・MasterCard・DC・ダイナースクラブ・AMEX・JCB
禁煙席無

MAP▶P118-04／C2

  地 京都市役所前（徒歩3分）　京 京阪三条（徒歩5分）

すっぽん

ツバクロ すっぽん食堂

コラーゲンでお肌プルプルに！　すっぽんで美肌に！

栄養満点のすっぽんを安価で楽しむ！

女子歓喜の栄養を豊富に含むすっぽん鍋をリーズナブルな価格で楽しめると人気のこちら。国産のものを生きたまま下処理するので、臭みもなく食べやすいのが魅力。コラーゲンもたっぷりなので、女子会を楽しみながらキレイになれるかも。

01.京町家をイメージした店内。木目調のインテリアが、情緒を感じさせ落ち着きのある空間を演出　02.すっぽんビギナーにおすすめなのが、シンプルな丸鍋を使うすっぽん鍋。あっさりとしていながらも旨みが強い

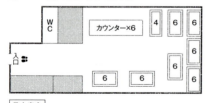

The average budget
平均予算（1人）
3,500 YEN〜

SHOP DATA ショップデータ

京都らしい　子供連れ歓迎　夜遅　駅近　飲み放題あり

SITUATION
打ち上げ　歓送迎会　同窓会　合コン　女子会

ワイワイ ──────── しっとり

コース	5000円（7品）※飲み放題別 5000円（6品）、8000円（8品）※飲み放題込
飲み放題	飲み放題付のコース有
ビール	1杯 500円（サントリー）
貸切	可（40〜55名）※1週間前までに要予約
サプライズ	可 ※前日までに要予約

最大宴会人数55名　カウンター 6席／テーブル 4〜6名×8卓／半個室 無／完全個室 無

ツバクロ すっぽん食堂
ツバクロ すっぽんしょくどう

所 京都市中京区木屋町通三条上ル上大阪町516 キヤマチジャンクション4F
時 17：00〜24：00
休 不定休　P 無

☎ 075・251・0234
CARD 不可
禁煙席無

MAP▶P118-04／C1

阪 河原町(徒歩2分)　京 祇園四条(徒歩5分)

和食

炭焼ろばた
薄伽梵ハヂメ

酒好き仲間で宴会を

全国から厳選した日本酒と肴で酒盛りを堪能

"日本酒を楽しむ"をテーマに、卓上に酒燗器を設置するなど、酒好きには堪らない店。また、オーナーが全国の蔵元や生産者を訪れ、藁で炙るタタキなど、発掘した食材を使った肴も抜群。銘酒と各地のアテを嗜みながら盛り上がるのが、[薄伽梵ハヂメ]の楽しみ方だ。

01.鮮やかで印象的なイラストが壁一面に描かれた店内。賑やかな内装に気分もアップ　02.新鮮な旬のブリを京丹波の藁で炙ったタタキ。芳ばしい香りとブリの甘い脂についついお酒が進む

□テーブル　□座敷　□完全個室　♨靴の着脱必要

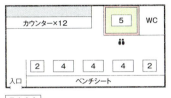

最大宴会人数38名　カウンター 12席／テーブル 2〜5名×6卓／半個室 無／完全個室 2〜5名×1室

平均予算(1人)
3,500 YEN〜

炭焼ろばた 薄伽梵ハヂメ
すみやきろばた ばかぼんハヂメ

📍 京都市中京区中之町565-23 ハレの日花遊小路1F
🕐 17:30〜24:00 (LO／23:30)
　※2016年11月から土・日曜14:00〜
休 不定休　P 無

MAP▶P118-04／C2

📞 075・231・1774

💳 VISA・MasterCard・DC・AMEX・JCBなど

🚬 禁煙席無

SHOP DATA — ショップデータ —

| 京都らしい | 夜遅 | 駅近 | 飲み放題あり |

SITUATION
打ち上げ　歓送迎会　接待　デート　合コン

ワイワイ ▼ しっとり

コース	3500円(8品) ※飲み放題別 3980円(8品) ※飲み放題込
飲み放題	1500円(8種、90分) ※コース注文時のみオーダー可 飲み放題付のコース有
ビール	1杯 530円(キリン)、瓶1本 580円(キリン)
貸切	可(20〜38名) ※1週間前までに要予約
サプライズ	可 ※前日までに要予約

京 祇園四条(徒歩1分)　阪 河原町(徒歩3分)

タイ・バリ料理

エキゾチックな雰囲気にうっとり

熱帯食堂 四条河原町店

欲張りエスニック宴会

夜景を愛でながら本場仕込みの味を

辛いだけでなく爽やかな甘みと酸味を絡めたタイ料理と、スパイシーで野菜たっぷりのバリ料理の両方が楽しめるダイニング。どちらも腕利きシェフが本場の味を披露。7Fからの見事な眺望を愛でながら、現地のドリンクを片手にエスニックを満喫して。

1.トムヤムクン1058円や海老のすり揚げトートマンクン248円など人気メニューがずらり　2.南国リゾート風のおしゃれな設えが女子会にぴったり。いつもと違う雰囲気でプチ旅気分を味わって　3.窓際の席からは鴨川や河原町通りの夜景が楽しめる

□テーブル

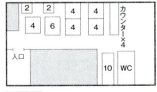

最大宴会人数40名　カウンター 4席／テーブル 2〜10名×9卓／半個室 無／完全個室 無

平均予算(1人)
3,000 YEN〜

熱帯食堂 四条河原町店
ねったいしょくどう しじょうかわらまちてん

📍 京都市下京区四条通木屋町東入ル橋本町109
サピエンス四条木屋町ビル7F
🕐 11:30〜15:00 (LO／14:00) ※月〜金曜のみ
18:00〜23:00 (LO／22:00)
土・日曜、祝日17:00〜23:00 (LO／22:00)
休 火曜　P 無

MAP▶P118-04／C3

📞 075・255・0618

💳 VISA・MasterCard・DC・ダイナースクラブ・AMEX・JCBなど

🚬 全席禁煙(喫煙スペース有)

SHOP DATA — ショップデータ —

| 眺めがいい | 駅近 | 飲み放題あり |

SITUATION
歓送迎会　デート　女子会　おひとり様

ワイワイ ▼ しっとり

コース	2700円(6品) 3240円(7品) ※前日までに要予約
飲み放題	1500円(17種、120分) ※コース注文時のみオーダー可
ビール	1杯 540円(キリン)
貸切	可(30〜40名) ※2週間前までに要予約
サプライズ	可 ※前日までに要予約

阪 河原町（徒歩7分） 京 祇園四条（徒歩10分）　　　　　イタリアン

Cantina Arco

優雅で美しい繊細イタリアン

女性ならではの感性が光るイタリアン

女性シェフの清水さんが腕を振るうイタリアン。ナポリ直送の三つ編みモッツァレラを使ったパニーニや、ソースが絡んだ手打ちパスタが絶品。女性ならではの目線で、華やかかつヘルシーさが際立つ料理が揃うから、女子会に最適。もちろんデート使いにも。

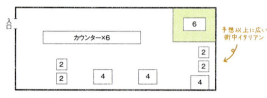

予想以上に広い街中イタリアン

平均予算（1人） 3,000 YEN～

最大宴会人数26名　カウンター 6席 ／ テーブル 2～6名×8卓 ／ 半個室 無 ／ 完全個室 2～6名×1室

Cantina Arco
カンティーナ アルコ
京都市中京区蛸薬師通富小路東入ル油屋町145 洋燈館1F
14:00～17:00 (LO/16:30)
18:00～24:30 (LO)
休 水曜　P 無
MAP▶P119-04／B2

📞 075・708・6360

CARD VISA・MasterCard・ダイナースクラブ・AMEX・JCBなど

全席禁煙

SHOP DATA — ショップデータ

子供連れ歓迎　夜遅　飲み放題あり

SITUATION
歓迎会　記念日　デート　女子会　おひとり様

ワイワイ ▼ しっとり

コース	無
飲み放題	1200円（4種、90分）
ビール	1杯 600円（アサヒ）
貸切	可（20～26名）※前日までに要予約
サプライズ	不可

地 三条京阪（徒歩2分） 京 三条（徒歩2分）　　　　　スペイン料理

Spain Bar Sidra

テリーヌ片手に昼飲みしたい♪

SNSにアップしたくなるキュートな見た目♪

爽やかなシードラの相棒には芸術的なテリーヌを

スタッフ手作りの地下空間で楽しむスペイン料理の店。モザイクアートのようなテリーヌに心を奪われ、シードラ＝リンゴのお酒の美味しさにハマるファンが続出。女性に人気のシードラモヒート片手に、妖艶な大人の女子会を開いてみよう。

平均予算（1人） 3,000 YEN～

 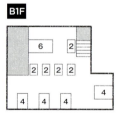

最大宴会人数35名　カウンター 8席 ／ テーブル 2～6名×10卓 ／ 半個室 無 ／ 完全個室 無

Spain Bar Sidra
スペイン バル シドラ
京都市左京区川端通御池下ル孫橋町31-4
ペンタグラム川端御池1・B1F
15:00～翌1:00
休 月曜　P 無
MAP▶P118-04／C1

📞 075・708・6796

CARD VISA・MasterCard・DC・ダイナースクラブ・AMEX・JCB

禁煙席無

SHOP DATA — ショップデータ

夜遅　駅近　飲み放題あり

SITUATION
歓送迎会　ウエディング　デート　合コン　女子会

ワイワイ ▼ しっとり

コース	4500円（6品）、5000円（7品） 5500円（8品）※飲み放題込
飲み放題	飲み放題付のコース有
ビール	瓶1本 510円（キリン）
貸切	可（20～35名）※1週間前までに要予約
サプライズ	可 ※前日までに要予約

[京]祇園四条（徒歩4分） [阪]河原町（徒歩5分） [地]三条京阪（徒歩7分）

韓国料理

李南河

和×韓が溶け合う隠れ家

全国から集まる食材で作る"オモニ"の味に感動

築80年の茶屋を改装し、李朝時代の家具を配した内装は、和と韓が融合した落ち着いた空間で、大宴会にもデートにもOK。鳴門などから直送される魚介類、長野などの契約農家から届く野菜など、全国の食材を使って、本格的な"オモニ"の味を再現する。

The average budget 平均予算（1人）
6,000 YEN～

ふわふわ食感が堪らない

01.町家が出す和の情緒と、インテリアが放つ韓流が調和した店内。カウンターの上には韓国酒が並ぶ 02.真鯛やタコ、海老などがざっしり入った分厚い海鮮チヂミがこちらの看板メニュー

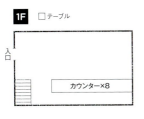
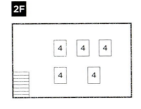

最大宴会人数22名　カウンター 8席 ／ テーブル 4名×5卓 ／ 半個室 無 ／ 完全個室 無

李南河
りなんは

[所]京都市中京区先斗町通四条上ル下樵木町2-205-3
[時]17：00～23：00（LO）
金・土・日曜、祝日、祝前日17：00～23：00（LO／22：00）
[休]不定休　[P]無
MAP▶P118-04／C2

☎075・255・1288
[CARD] VISA・MasterCard・ダイナースクラブ・AMEX・JCBなど
全席禁煙

SHOP DATA
— ショップデータ —

京都らしい　夜遅　駅近　飲み放題あり

SITUATION
歓送迎会　商談　記念日　デート　女子会

ワイワイ ───▼─── しっとり

コース	3650円（15品）、4570円（15品）5530円（20品）
飲み放題	1500円（4種、90分）2000円（5種、90分）※コース注文時のみオーダー可
ビール	1杯 650円（サントリー）
貸切	可（16～22名）※10日前までに要予約。2Fのみ
サプライズ	不可

[地]京都市役所前（徒歩6分） [京]三条（徒歩7分） [阪]河原町（徒歩7分）

お好み焼・もんじゃ焼

お好み焼・もんじゃ焼
とんちんかん

みんなでワイワイ！

看板メニューのふわトロお好み焼きとビールで乾杯

河原町で長年人気を誇るお好み焼きは、注文を受けてから練り合わせ、空気をたっぷり含ませるので、時間が経ってもふわふわ食感が持続。京都では珍しくもんじゃ焼も楽しめるので、好きな具材を入れて、仲間と自分好みの一枚を作って楽しもう。

01.枝垂れが掛かった和風な店内は、オープンから20年変わらない姿。各テーブルに設置された鉄板で味わう料理は格別品ばかり　02.一番人気の豚玉に半熟卵のスクランブルエッグをトッピングした一枚

卵をまとった豚玉はまろやかな味わい

最大宴会人数44名　カウンター 無 ／ テーブル 1～4名×11卓 ／ 半個室 無 ／ 完全個室 無

The average budget 平均予算（1人）
1,300 YEN～

お好み焼・もんじゃ焼 とんちんかん
おこのみやき・もんじゃやき とんちんかん

[所]京都市中京区六角通河原町西入ル松ケ枝町464　大文字ビル3F
[時]11：30～22：30（LO／22：00）
[休]不定休　[P]無
MAP▶P118-04／C2

☎075・211・2326
[CARD] 不可
禁煙席無

SHOP DATA
— ショップデータ —

子供連れ歓迎

SITUATION
打ち上げ　歓送迎会　デート　おひとり様　2軒目

ワイワイ ─▼─── しっとり

コース	1800円（9品）、2500円（10品）2980円（10品）
飲み放題	無
ビール	1杯 450円（キリン）、瓶1本 450円（キリン）
貸切	可（35～44名）※前日までに要予約
サプライズ	不可

阪 河原町（徒歩3分）　京 祇園四条（徒歩5分）　　　　　　　　　　　　　　　創作料理

Yona Yona

もう少し飲みたいならココ

ふらっと入って深夜まで、1軒目にも2軒目にもぴったり

1Fのカウンター7席は、隣の客との距離が近く、すぐに打ち解けられる。メニューは、日替わりの造り3種や、しそ明太子だし巻きなど、常時10品程度ながら、2軒目やひとりでふらりと立ち寄りたくなるような料理ばかりだ。

The average budget 平均予算（1人）
2,500 YEN～

01. 1Fは入口からも見えるL字カウンターのみ。ラフな作りのカウンターが、庶民派の雰囲気を醸し出す　02. 元漁師である店主が選ぶ魚介は質がいい。仕入れによって造りの内容が変わるので、訪れるたびに味わいたい　03. どこを切っても現れるたっぷりの明太子と大葉がアクセントになっているだし巻き

【1F】□テーブル ■座敷 ■完全個室 ●靴の着脱必要
カウンター×7／WC（階段下）／入口

【2F】8／8名までの座敷仕様の個室も有!

最大宴会人数8名　カウンター 7席／テーブル 無／半個室 無／完全個室 3～8名×1室

Yona Yona
ヨナ ヨナ
⌂ 京都市中京区中之町578-3
⌚ 18:00～翌2:00
休 日曜　P 無
MAP▶P118-04／C2

☎ 080・1940・4196
CARD 不可
禁煙席無

SHOP DATA ショップデータ
| 夜遅 | 駅近 |

SITUATION
歓送迎会　同窓会　デート　おひとり様　2軒目
ワイワイ ▼ ─────── しっとり

コース	無
飲み放題	無
ビール	1杯 650円（キリン）
貸切	不可
サプライズ	可 ※持ち込みのみ

阪 河原町（徒歩4分）　京 祇園四条（徒歩7分）　　　　　　　　　　　　　　　日本酒バル

益や酒店

日本酒好きには堪らない！

全国の銘酒と出合える新スタイルのバル

店主が厳選した約35種の日本酒を求め、ファンが集う日本酒バル。フルーティーな香りのものから、甘みのある芳醇なものまで幅広くラインナップ。また、山椒を利かせた鶏モツ煮など、酒呑みのツボを押さえたアテも見逃せない。仲間と全国日本酒巡りに出掛けよう。

店奥の黒板には日本酒チャート表もある

01. 壁一面に並んだ日本酒の瓶が印象的な店内。それぞれの特徴が分かりやすく書かれていて、日本酒ビギナーでも楽しめる　02. 甘辛く炊かれた鶏モツの煮込みは、スパイシーで熟成感のある酒と合う

□テーブル
WC／2／2／5／入口
4／カウンター×10／カウンター×11
4

最大宴会人数10名　カウンター 21席／テーブル 2～5名×5卓／半個室 無／完全個室 無

The average budget 平均予算（1人）
2,500 YEN～

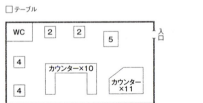

益や酒店
ますやさけてん
⌂ 京都市中京区御幸町通四条上ル大日町426　1F
⌚ 17:30～23:30（LO）・土・日曜、祝日15:00～
休 月1日不定休　P 無
MAP▶P119-04／B2

☎ 075・256・0221
CARD VISA・MasterCard・DC・ダイナースクラブ・AMEX・JCB
全席禁煙

SHOP DATA ショップデータ
| 京都らしい | 夜遅 | 駅近 |

SITUATION
デート　女子会　待ち合わせ　おひとり様　2軒目
ワイワイ ▼ ─────── しっとり

コース	1900円（7品）／2400円（9品）
飲み放題	無
ビール	1杯 550円（サッポロ）／瓶1本 550円（サッポロ）
貸切	不可
サプライズ	可 ※前日までに要予約

60

京 祇園四条(徒歩7分)　阪 河原町(徒歩7分)

ワインバル

ブドウヤtsk
女子会に最適!

ブドウヤ ティーエスケイ

ビオワインと新鮮野菜でヘルシーな宴会を

ワインボトルをディスプレイしたおしゃれな内観の[ブドウヤtsk]。自然派ビオワインを豊富に揃えるほか、京都の野菜を使った料理を中心にしたメニュー展開だから、女性同士でもワイワイと楽しめること間違いなし!

The average budget 平均予算(1人) **3,500 YEN〜**

📞 075・708・6760

京都市下京区河原町通高辻下ル清水町454-14 朝日河原町ビル1F
時 18:00〜翌1:00
休 木曜　P 無

MAP ▶ P118-04／C3

CARD VISA・MasterCard・DC・ダイナースクラブ・AMEX・JCB
禁煙席無

SHOP DATA
ショップデータ

夜遅	飲み放題あり

コース	4000円〜(8品) ※飲み放題込
飲み放題	飲み放題付のコース有
ビール	1杯 700円(ヒューガルデン) 瓶1本 600円(アサヒ) ビールもスタンバイ
貸切	可(〜20名) ※1週間前までに要予約
サプライズ	可 ※前日までに要予約
席数	最大宴会人数20名 カウンター 8席／テーブル 2〜6名×4卓／半個室 無／完全個室 無

阪 河原町(徒歩4分)　京 祇園四条(徒歩7分)

居酒屋

市場小路 寺町本店
石窯で仕上げる極上肉

いちばこうじ てらまちほんてん

今年の宴会は"肉食"多めで決まり

[モリタ屋]から仕入れる黒毛和牛を使用。赤身肉を焼いたあと、石窯でじんわり加熱するので、やわらかくジューシーな仕上がりに。カウンターやテーブル、掘り炬燵など、席の種類が豊富なのでシーンを選ばずに利用できる。

The average budget 平均予算(1人) **3,000 YEN〜**
ジュワッと広がるジューシーな肉汁

📞 075・252・2008

京都市中京区寺町通錦小路上ル円福寺前町283 WITH YOUビルB1F
時 11:30〜15:00(LO)、17:00〜22:00(LO)
休 不定休　P 無

MAP ▶ P119-04／B2

CARD VISA・MasterCard・AMEX・JCB など
全席禁煙(喫煙スペースあり)

SHOP DATA
ショップデータ

子供連れ歓迎	駅近	飲み放題あり

コース	3500円(9品)、4000円(9品)、4800円(10品)
飲み放題	1200円(約30種、120分) ※4800円コース注文時のみオーダー可 1500円(約30種、120分)
ビール	1杯 490円(キリン)
貸切	不可
サプライズ	可 ※前日までに要予約
席数	最大宴会人数70名 カウンター 8席／テーブル 2〜6名×30卓／半個室 2〜10名×3室／完全個室 2〜40名×2室

地 三条京阪(徒歩4分)　京 三条(徒歩4分)　阪 河原町(徒歩8分)

おばんざい居酒屋

れんこんや
接待にぴったりの京町家

古き良き空気と京の味を満喫

江戸末期の町家を改装し、当時の面影があちこちに感じられる空間。熊本発祥の名物からしれんこんは、"木屋町の味"と呼ばれるほどの人気に。落ち着きのある小バコだけに、接待や商談でも安心して利用できる。

三代目女将が笑顔でお出迎え♪

📞 075・221・1061

京都市中京区西木屋町通三条下ル山崎町236
時 17:00〜23:30(LO／23:00)
休 日曜(翌日が祝日の場合は営業)、祝日の月曜　P 無

MAP ▶ P118-04／C2

CARD VISA・MasterCard・DC・ダイナースクラブ・AMEX・JCB
禁煙席有

The average budget 平均予算(1人) **3,000 YEN〜**

SHOP DATA
ショップデータ

京都らしい	夜遅	駅近

コース	無
飲み放題	無
ビール	小瓶1本 400円(キリン) 大瓶1本 700円(キリン)
貸切	不可
サプライズ	不可
席数	最大宴会人数12名 カウンター 4席／テーブル 2〜5名×5卓／半個室 無／完全個室 無

Magic bar i & i
マジックバー アイ&アイ

祇園のマジックバーと言えば、真っ先に名が挙がる老舗。磨き抜かれたラウンド型カウンターには毎晩マジシャンたちが立ち、カードやロープマジックなどを披露する。エンタメ要素のあるパフォーマンスも堪能できるので、きっと盛り上がるはず。

MAP▶P118-04／D2
☎075・525・1540
京都市東山区祇園町北側347-155
我楽苦多館1F
20:00〜翌2:00 日曜、祝日休
禁煙席無　完全個室無　P無

華麗なマジックと心地よいお酒に酔いしれる

笑いあり、涙ありの軽快なトークにも注目

いつもと違う楽しみを探して
変わりダネのお店

幹事最大の腕の見せどころ、店選び。頭を悩ませる難題も、他に類を見ない名(迷？)店ならゲストたちの喝采を浴びること間違いなし！…かも。

的を得た占い結果が宴を盛り上げるきっかけに

元気になれる占いがモットーです

RAJA CAFÉ & BAR
ラジャ カフェ&バー

インド仕込みのスパイスを利かせたフードが人気のカフェバー。こちらの裏メニューはなんと占い。オーナーのRAJAさんの占いは当たると評判で、足しげく通う芸能人もいるのだとか。お香が漂うスピリチュアルな空間で、手相占いに一喜一憂するのも一興かも。

☎080・1514・0349
京都市中京区高瀬川筋四条上ル
紙屋町365 錦会館2F
19:00〜翌2:00※占いは13:00〜19:00までに要予約
水曜休　全席喫煙可
完全個室無　P無

MAP▶P118-04／C2

ママ飲み会会場イチオシ
博物館カフェ

選りすぐりの什器も見どころ！

ウサギノネドコ カフェ
ウサギノネドコ カフェ

"自然の造形美"の伝道師[ウサギノネドコ]が手掛けるカフェ。鉱物や植物などの標本に囲まれながら、看板メニューの隕石カレーをはじめとする食材本来の味や色、形を活かしたフードやスイーツを。キッズ用チェアや小上がり座敷も完備しているので、博物館感覚で利用するファミリーも多いとか。

☎075・366・6668
京都市中京区西ノ京南原町37
11：30～20：00(LO／19：00)
ランチ～14：30、軽食・ディナー14：30～
水・木曜休　全席禁煙
完全個室無　P1台
MAP▶P121-05／A1

若松家酒店
わかまつやさけてん

100年以上続く老舗酒屋が夜は居酒屋に。お得に味わえる銘酒だけでなく、料理も絶大な人気を誇り、元料理人の店主が作る鮮魚料理が味わえるとあって、1ヶ月先まで予約がとれないほど盛況だ。角打ち営業は予約必須なので、訪れる際は要注意を。

団体利用や貸し切りも可

昼間は酒屋、夜は居酒屋
絶品鮮魚に舌鼓

☎075・371・0095
京都市下京区七条通
烏丸西入ル西境町166
18：00～22：00(LO)
※販売10：00～22：00
日曜、祝日休　禁煙席有
完全個室無　P無
MAP▶P121-05／B3

三味線の生演奏は19時以降に

いつもの洋酒も
生三味線で新鮮に

津田楼
つだろう

ケヤキのカウンターでオールドバカラを傾けられるオーセンティックなバーのBGMは、三味線の生演奏。数多くの酒場に通い詰めた粋人たちも虜にする、クラシカルな和と洋が融合した空間に身を置けば、慣れ親しんだ一杯も、いつもとは違った味になるのでは。

☎075・708・2518
京都市東山区花見小路通
四条下ル祇園町南側570-121
ランチ11：30～14：00(LO)
ディナー18：00～20：00(LO)
バー18：00～翌2：00(LO／翌1：00)
バーのみ日曜、祝日～23：30(LO／22：30)
水曜・第3火曜休　時間により禁煙(11：30～14：30)
完全個室有　P無
MAP▶P118-04／D3

> 昼から乾杯

明るいうちから飲めるお店

デートの待ち合わせや飲み会までの空いた時間、はたまたフライング気味の一杯にと、いま"昼飲み"が密かに話題。「こんな時間から頬を赤らめていいの?」なんて背徳感もなくなるような極上のアテに、ゴキゲンな一杯を。

チーズとワインとヴェルモット Rokka
Start at... 3 p.m.

チーズとワインとヴェルモット ロッカ／二条高倉

夕暮れ時から浸りたい奥深いチーズとワインの世界

洗練されたバーを舞台に主演を務めるのはワインではなく、30種に及ぶチーズ。原料となる牛や山羊、羊などの乳をはじめ、製法や熟成の変化により、さまざまな味わいが楽しめる。個性豊かな逸品を引き立てるワインとの饗宴に、思わずうっとり。

コンテ18ヶ月熟成、ゴルゴンゾーラ ピカンテなど、気軽に食べ比べができる人気のチーズ盛り合わせ1500円

MAP▶P117-03

☎075・253・1196
京都市中京区二条通高倉西入ル南側松屋町55-3 IMOS bldg 1F
15:00～翌2:00
不定休　禁煙席無　完全個室無　P無
チャージ1人500円

京都ダイナー
Start at... 1 p.m.

きょうとダイナー／柳馬場錦

昼下がりのワインで優雅にチルアウト!

平日は15時、週末は13時からオープン。ワインインポーターの経歴を持つオーナーのコネクションをフル活用し、フランスやイタリアなど縦横無尽にセレクト。豊富なボトルが、リーズナブルに味わえるとあってじっくり夜まで楽しめる。

一番人気のいろんなお肉をちょっとずつ食べられる肉盛り2160円。アテに最適なメニューも満載

MAP▶P119-04／B2

☎075・202・7788
京都市中京区柳馬場通錦小路上ル十文字町451
15:00～24:00(LO/23:00)
土・日曜、祝日13:00～
無休　全席禁煙　完全個室無　P無

にこみ屋 六軒
Start at... 2 p.m.

にこみや ろっけん／五条

時間を忘れて堪能したいほっこり味の煮込み料理

清水五条に構える隠れ家トラットリア。イタリアン出身のシェフが腕を振るうメニューは、時間をかけて仕込んだ煮込み料理をはじめ、野菜やベーコンの炭火焼きなど、酒を誘う逸品ばかり。のんびりと落ち着いた雰囲気の店内で、ほろ酔い気分に浸って。

看板メニューである、煮込み(大)650円。ダシのしゅんだ具材はやさしい味わい。日本酒とともに味わいたい

MAP▶P120-05／C2

☎075・708・2099
京都市下京区早尾町164-3
14:00～23:00(フードLO/22:00)
水曜休
禁煙席無　完全個室無　P無

The Northern Lights Corner
Start at... 2 p.m.

ザ ノーザン ライツ コーナー／花遊小路

ランチタイム後にちょっと一杯

14時オープンとランチ終わりからお酒が楽しめる、オーセンティックバー。1Fはスタンディング、2Fはゆったり寛げるショットバー仕様なので、おひとり様のサク飲みや少し早い時間からお酒を嗜みたい大人のデートシーンにもぴったり!

フィンランドのウォッカやカクテルと味わいたい、ベーコンとチーズのタルト540円など小腹サイズのフードも充実

MAP▶P118-04／C2

☎075・746・4893
京都市中京区新京極通四条上ル一筋目東入ル中之町565-23 ハレの日花遊小路1F
14:00～23:00
水曜休　禁煙席無　完全個室無　P無
チャージ1F無、2Fは1人540円

GION

祇園エリア

「京都らしさ」を求めるならやはり祇園エリアは外せない。特別な記念日や大切な会食、失敗できない接待など、料理・雰囲気・サービスどれも妥協できないときの強い味方が揃う。深夜まで営業のバーなどで、大人の夜を楽しもう。

主な最寄駅
- 京阪本線「祇園四条」
- 京阪本線「三条」
- 阪急京都線「河原町」

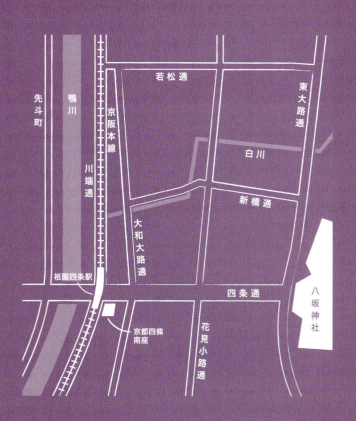

 京 祇園四条（徒歩6分）　阪 河原町（徒歩10分）　　　　　　　　　　　フレンチ

山地陽介

京フレンチを担う新世代の注目株

エスプリが香る逆輸入フレンチ

[ジュエル・ロブション]や[アラン・デュカス]といった名店の系譜を受け継ぐ正統派のレストラン。選りすぐりの食材に山地シェフの感性を加えた料理は、ストーリーを紡ぎながらテーブルを彩る。世界中の美食家を魅了してきた最先端フレンチをご堪能あれ。

The average budget (1人) 平均予算 13,500 YEN〜

おもてなしにピッタリの空間

01. 夜のコース1万円からの一例。イチボのローストにマッシュルーム、ピーナッツ、メープル、クルミなどさまざまな食材を合わせたパン粉をのせて　02. 2Fの個室席のほか、1Fにはカウンターやテーブル席も用意　03. 世界各国からの出店オファーを断り、京都・祇園に自らの名を冠した店をオープンしたオーナーシェフの山地さん

1F □テーブル ■半個室 ■完全個室
　4　　4　4　4　庭
　　玄関　カウンター×9　　WC WC WC

2F
　　4
　　4

最大宴会人数21名　カウンター 9席／テーブル 4名×6卓／半個室 4名×1室／完全個室 4名×2室

山地陽介
やまじようすけ

🏠 京都市東山区祇園町南側570-151
🕐 12:00〜13:30(LO)、18:00〜21:00(LO)
📅 月曜、他月2日不定休　P 無

MAP ▶ P118-04／D3

📞 075・561・8001

CARD VISA・MasterCard・ダイナースクラブ・AMEX・JCB
全席禁煙

SHOP DATA ― ショップデータ ―

京都らしい

SITUATION　接待　商談　記念日　デート　女子会
ワイワイ ▼ しっとり

コース	ランチ 5670〜1万1340円（5〜8品） ディナー 1万2420〜2万4840円（8品）
飲み放題	無
ビール	1杯 800円〜（アサヒ、キリン、サントリー）
貸切	可（18〜21名）※1週間前までに要予約
サプライズ	可 ※1週間前までに要予約

 祇園四条(徒歩10分) フレンチ

01.歴代のスペシャリテをピンチョススタイルで味わうprologue de mavo。ワインはもちろん、日本茶との相性も抜群 02.店内からは調理の様子も伺うことができる。ピンと張りつめた雰囲気が、料理への期待を高めてくれる 03.西村勉シェフ。店名に込めた「革新」という思いを具現化するために、今でも研究を欠かさないそう 04.日本茶はワイングラスで提供。茶葉ごとに異なるグラスを使うほどのこだわりぶり

祇園MAVO 仏×和を高次元で融合

他に類を見ない、フレンチと日本茶のマリアージュに感動

美食家たちが集う祇園界隈にあって、フレンチと日本茶を合わせる唯一無二のスタイル「ティーペアリング」で注目を浴びる新鋭。日本茶は専門の茶師を採用し、抽出温度などにもこだわるほどの力の入れようだ。もちろん主役となる料理は、一品一品がスペシャリテとなるほどの完成度の高さ。計算され尽くした味の物語を心ゆくまで堪能したい。

The average budget 平均予算(1人) **18,000 YEN〜**

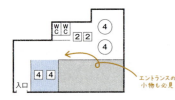

最大宴会人数20名
カウンター 無／テーブル 2〜4名×6卓／半個室 4〜8名×1室／完全個室 無

SHOP DATA ショップデータ

京都らしい

SITUATION
歓送迎会　ウエディング　接待　記念日　女子会

ワイワイ ──────▼────── しっとり

完全予約制なので要注意

コース	ランチ 7128円(10品) ディナー 1万4256円(12品)
飲み放題	無
ビール	瓶1本 800円(キリン) ※予約時の要望により用意
貸切	可(6〜20名) ※10日前までに要予約
サプライズ	可 ※3日前までに要予約

祇園MAVO
ぎおんマヴォ

所 京都市東山区下河原町通八坂鳥居前下ル上弁天町440 舞風館1F
12:00入店(12:15スタート)、18:30入店(19:00スタート)
※昼夜とも完全予約制
休 火曜　P 無

TEL 075・708・6988
VISA・MasterCard・DC・ダイナースクラブ・AMEX・JCB
全席禁煙

MAP▶P120-05／C2

京 祇園四条（徒歩5分）　阪 河原町（徒歩9分）

イタリアン

il cipresso. 花見小路

関西イタリアンの雄

京都の魅力を詰め込んだイタリアの郷土料理

関西イタリアンを代表するシェフ・高島朋樹さんの信念は、「今、この場所で、ここでしか作れない料理を提供すること」。生産者のところへ足を運んで食材を仕入れたり、加熱時間や合わせる食材まで計算したり、数多くのゲストを魅了してやまない秘密は、料理への飽くなき探求心にある。

The average budget (1人)
13,000 YEN～

01.間口が狭く、奥に長い京町家をリノベーション。テーブル席からは和情緒溢れる中庭が臨める　02.同店の代名詞とも言えるパスタは、ひとつのコース内で複数回登場する。写真は、秋田産うさぎ肉をパスタ生地で包んで仕上げたアニョロッティ ダル プリン

全9席のプライベートルームも用意

最大宴会人数12名　カウンター 無／テーブル 2～9名×7卓／半個室 無／完全個室 9名×1室

il cipresso. 花見小路
イル チプレッソ はなみこうじ

℡ 075・533・7071

所 京都市東山区祇園町南側566
時 11:00～13:00、18:00～20:00
休 水曜　P 無

CARD VISA・ダイナースクラブ・AMEX・JCB
全席禁煙

MAP▶P118-04／D3

SHOP DATA
— ショップデータ —

| 京都らしい | 駅近 |

SITUATION
接待　商談　記念日　デート

ワイワイ ――――――▼―― しっとり

コース	ランチ 4000円（9品）※税・サ別 ディナー 8000円（9品）※税・サ別 1万2000円（12品）※税・サ別
飲み放題	無
ビール	瓶1本 800円（キリン）※税・サ別
貸切	不可 ※応相談
サプライズ	可 ※前日までに要予約

京 祇園四条（徒歩3分）　阪 河原町（徒歩7分）

質、量ともに京都でも随一の品揃え

ワインバー・レストラン

KENZO ESTATE WINERY 祇園店

ワイン通への第一歩

未経験の味を体験できる上質な空間

カリフォルニアのナパ・ヴァレーにワイナリーを持つこちらは、関西2店舗目の直営店として、現地同様にグラス1杯からのテイスティングを提供。京の食材を取り入れたイタリアンがワインの美味しさを引き立て、グラスからボトルへと、ついつい深酒してしまいそう。

The average budget (1人)
8,000 YEN～

01.カウンターの奥の棚には「紫鈴rindo」のボトルが整然と並び、ワイナリー独特の雰囲気を感じられる　02.祇園にふさわしい凛とした佇まいで、一歩中に入ると想像を超えた極上の空間が広がる　03.プレミアムワインを気軽に楽しめるテイスティングコースは7種のワインを飲み比べできる。なんと少量生産の希少ワインもあり

 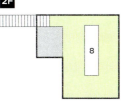

最大宴会人数20名　カウンター 8席／テーブル 1～2名×2卓／半個室 無／完全個室 4～8名×1室

KENZO ESTATE WINERY 祇園店
ケンゾー エステイト ワイナリー ぎおんてん

℡ 075・533・1215

所 京都市東山区祇園町北側254-4-28
時 バー・ショップ12:00～翌2:00（LO／翌1:30）※日曜・祝日～23:00
レストラン17:00～23:00（LO／22:30）
ワインショップ12:00～26:00 ※日曜・祝日～23:00
休 無休　P 無

CARD VISA・MasterCard・DC・ダイナースクラブ・AMEX・JCB
全席禁煙

MAP▶P118-04／D2

SHOP DATA
— ショップデータ —

| 京都らしい | 夜遅 | 駅近 |

SITUATION
歓送迎会　接待　記念日　デート　女子会

ワイワイ ―――――――▼― しっとり

コース	6912円（5品） 1万800円（8品）
飲み放題	無
ビール	無
貸切	可（13～20名）
サプライズ	可 ※3日前までに要予約

京 祇園四条(徒歩4分) 阪 河原町(徒歩7分)

天ぷら

京都祇園
天ぷら八坂圓堂

厳選素材の京風天ぷら

天種の旨みを際立たせる妙技が冴える

「祇園で天ぷら」と言えば、真っ先にその名が挙がる名店。必要最低限しか衣をつけず、雑味のない綿実油で揚げた天種は、素材の色や香りが際立ち、五感で楽しめる仕上がりに。瀬戸内や若狭から直送される鮮魚や奥琵琶湖の清流で育った川魚などの厳選食材を熱々でどうぞ。

The average budget (1人)
平均予算 10,000 YEN～

古蔵を改築した待ち合い席も

01.数寄屋造りの妙を感じたいなら、手入れの行き届いた庭園が眼前に臨む個室を。目の前で職人が揚げてくれるカウンター席もある 02.昼夜ともにコースのみ。活車海老など一年を通して味わえる天種のほか、季節限定の食材もあり

□テーブル ■座敷 ■半個室 ■完全個室 ▲靴の着脱必要

最大宴会人数24名　カウンター 29席／テーブル 2～24名×7卓／半個室 2～14名×2室／完全個室 2～24名×5室

京都祇園 天ぷら八坂圓堂
きょうとぎおん　てんぷらやさかえんどう

📍京都市東山区八坂通東大路西入ル小松町566
🕐 11:30～15:00 (LO/14:45)
　 17:00～22:00 (LO/21:15)
🚫無休　🅿有(契約駐車場)

📞 075・551・1488

CARD VISA・MasterCard・DC・ダイナースクラブ・AMEX・JCBなど
🚭全席禁煙(喫煙スペース有)

MAP▶P120-05／C2

SHOP DATA
── ショップデータ ──

| 眺めがいい | 京都らしい | 駅近 |

SITUATION
歓送迎会　同窓会　接待　商談　顔合わせ

ワイワイ ─────▼───── しっとり

コース	昼 5940円(16品) 夜 1万800円(16品)、1万6200円(20品)
飲み放題	無
ビール	瓶1本 800円(アサヒ、キリン)
貸切	可(14～16名) ※カウンターのみ、前日までに要予約
サプライズ	不可

 京 祇園四条(徒歩4分) 阪 河原町(徒歩10分)

和食

祇をん きらら

都野菜主体のやさしい味わい

肩肘張らずに寛げる京の名店

「普段使いできる祇園クオリティ」を体現する店。老舗料亭などで腕を磨いた料理長が手掛ける料理は、京都産の都野菜をメインに据え、選りすぐりの和牛や鮮魚を巧みに駆使した逸品ばかり。時には割烹風、時にはおばんざいと手を変え品を変え、ゲストを楽しませてくれる。

The average budget (1人)
平均予算 7,000 YEN～

01.鮮魚の煮付けなど家庭的な料理を、割烹の手法を駆使して滋味溢れるメニューに仕上げる きらら御膳。旬の都野菜を使った10種類のおばんざいのほか、造りや焼き魚といった季節の味わいを楽しめるお得なコース 02.ランチの看板メニュー、きらら御膳 03.界隈では珍しく23時まで営業しているので、遅がけや2軒使いにも対応できる懐の広さも魅力

□テーブル ■座敷 ▲靴の着脱必要

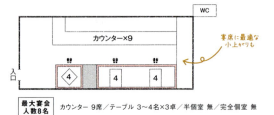

最大宴会人数8名　カウンター 9席／テーブル 3～4名×3卓／半個室 無／完全個室 無

祇をん きらら
ぎをん きらら

📍京都市東山区花見小路四条下ル祇園町南側570-231
　(歌舞練場北3軒隣)
🕐 11:30～14:00 (LO)、17:30～23:00 (LO/22:30)
不定休　🅿無

📞 075・531・3636

CARD VISA・MasterCard・ダイナースクラブ・AMEX・JCB
🚭禁煙席無

MAP▶P118-04／D3

SHOP DATA
── ショップデータ ──

| 京都らしい | 駅近 |

SITUATION
接待　記念日　デート　女子会　おひとり様

ワイワイ ─────▼───── しっとり

コース	5400円(9品)、7560円(9品) 1万800円(10品)
飲み放題	無
ビール	1杯 864円(アサヒ)、瓶1本 864円(アサヒ、キリン)
貸切	可 ※要相談
サプライズ	可 ※3日前までに要予約

京 祇園四条（徒歩6分） 阪 河原町（徒歩10分）　　　　　　　　　　　創作和食

祇をん豆寅

舞妓さん絶賛の豆すし

目と舌で味わう創作和食

かわいらしい見た目が人気の"豆皿懐石"を楽しめる料亭。伝統ある京料理を少しずつ味わえるとあって、京都を訪れた人のおもてなしにもぴったり。2Fや3Fには16名まで入れる完全個室も完備しているので、大人数にも対応してくれる。

The average budget (1人)
平均予算 11,000 YEN〜

01.おちょぼ口の舞妓さんでも食べやすいひと口サイズの豆すしは女性受けが良い　02.落ち着いた雰囲気の個室は、掘り炬燵と座敷を用意　03.向かいは歌舞練場。花見小路通りに店を構える

□テーブル ■堀り炬燵 ■半個室 ■完全個室 ●靴の着脱必要

  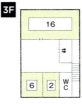

最大宴会人数40名　カウンター 8席／テーブル 2〜16名×11卓／半個室 2〜4名×2室／完全個室 2〜16名×4室

祇をん豆寅
ぎをんまめとら

📍 京都市東山区祇園町南側570-235
🕐 11：30〜14：00（LO）、17：00〜21：00（LO）
　※夜はサービス料別途10%
休 無休　P 無
MAP▶P118-04／D3

📞 075・532・3955
CARD VISA・MasterCard・DC・ダイナースクラブ・AMEX・JCBなど
🚭 禁煙席無

SHOP DATA
— ショップデータ —

京都らしい	飲み放題あり

SITUATION
接待　記念日　顔合わせ　デート　女子会

ワイワイ ―――――▼――― しっとり

コース	昼 4536円（5品）、6480円（5品） 夜 9504円（7品）
飲み放題	2160円（8種、90分） 2700円（10種、90分）
ビール	1杯 864円〜（アサヒ）
貸切	不可
サプライズ	可

京 祇園四条（徒歩4分） 阪 河原町（徒歩9分）　　　　　　　　　　　創作和食

酒菜 栩栩膳

祇園の夜を満喫

創作京料理を空間美溢れる店内で

シーンに合わせて使える、5つの異なる空間を備えた一軒家ダイニング。掘り炬燵やソファ席など、広々とした空間で、現代風の解釈を取り入れた新感覚の京料理を堪能できる。翌2時まで営業していることもあり、祇園を回遊する深夜族が夜な夜な集う。

The average budget (1人)
平均予算 5,500 YEN〜

01.気の合う仲間と集う際など、宴会には最大10名収容可能な2Fの個室を　02.ウニクリームで仕上げたパスタのような味わいの冷製ウニ風味そば1000円。京料理ベースながらも料理長のアイディアが光るメニューが充実

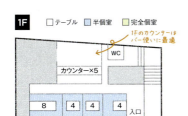 

1Fのカウンターはバー使いに最適

最大宴会人数60名　カウンター 11席／テーブル 2〜10名×10卓／半個室 2〜10名×6室／完全個室 8〜10名×1室

酒菜 栩栩膳
しゅさい くくぜん

📍 京都市東山区祇園町南側570-123
🕐 17：30〜翌2：00
　日曜、祝日17：30〜24：00
休 不定休　P 無
MAP▶P118-04／D3

📞 075・551・9910
CARD VISA・MasterCard・DC・ダイナースクラブ・AMEX・JCBなど
🚭 禁煙席無

SHOP DATA
— ショップデータ —

京都らしい	夜遅	駅近	飲み放題あり

SITUATION
打ち上げ　歓送迎会　接待　デート　合コン

ワイワイ ――▼――――― しっとり

コース	5000円（10品）、8000円（10品）
飲み放題	2000円（20種、120分） ※コース注文時のみオーダー可
ビール	1杯 650円（サッポロ）、瓶 1本700円（サッポロ）
貸切	可（50〜60名）※2週間前までに要予約
サプライズ	不可

[京] 祇園四条(徒歩6分) [阪] 河原町(徒歩10分) 肉料理

肉割烹 安参

まずは生肉から味わって

ねぎと辛子が引き立て役♪

肉好きなら一度は足を運びたい名店

約70年の歴史を持つ肉割烹のパイオニア。まずは、次々と出る生肉を楽しむのが[安参]流。一通り刺身を堪能したら、好みに応じて焼き物やおでんをオーダーしよう。必食は、煮込み料理。創業以来、継ぎ足した鍋の旨みが染み込んだ濃厚な味わいは、虜になること請け合いだ。

The average budget 平均予算(1人) 12,000 YEN〜

01.テール煮込み2500円〜。5〜6時間じっくりと煮込んでいるので、ほろりととろける食感が特徴。深みのある味わいがじっくりと染みこんでいるので、ビールとの相性も抜群 02.コの字型のカウンター内にいる店主との掛け合いも楽しみたい

1F □テーブル □座敷 □完全個室 □靴の着脱必要
カウンター×22

2F

最大宴会人数25名　カウンター 22席／テーブル 6名×5卓／半個室 無／完全個室 3〜6名×5室

MAP▶P118-04／D2

肉割烹 安参
にくかっぽう やっさん
📞 075・541・9666
㊟ 京都市東山区祇園町北側347
🕐 18:00〜22:30
㊡ 日曜、祝日　Ⓟ 無
CARD 不可
禁煙席有

SHOP DATA — ショップデータ —

| 京都らしい |
| SITUATION |
| 接待　商談　記念日 |

ワイワイ ▼ しっとり

コース	無
飲み放題	無
ビール	1杯 1000円(サントリー)
貸切	可(20名) ※1週間前までに要予約
サプライズ	不可

[京] 祇園四条(徒歩10分) 焼肉

祇園 鹿六

極上和牛を上質な空間で

箱庭が眺められる

邸宅で選りすぐりの黒毛和牛に舌鼓

戦前に建てられた財界人の邸宅を活かした豪奢な空間で味わえるのは、近江牛を筆頭とした厳選黒毛和牛の炭火焼き肉。肉のレベルの高さはもちろん、塩・タレだけでなく、ネギ塩や黒胡麻といった好みに合わせて味わい方を選べるなど、高いホスピタリティに目を見張る。

The average budget 平均予算(1人) 10,000 YEN〜

01.数量限定の部位をはじめ、霜降り・赤身を問わず、多彩な部位が堪能できる。ネギ塩で味わう特選上タンなど、充実のタンメニューは必食だ　02.黒毛和牛三角バラの華炙り2160円。お肉を薔薇に見立てた美しい盛り付けと、とろけるような食感と旨みに魅了される。鹿六を代表するひと品　03.2Fには食後にデザートを楽しむためのサロンを完備

1F □テーブル □堀り炬燵 □完全個室 □靴の着脱必要

2F

最大宴会人数20名　カウンター 無／テーブル 4〜10名×18卓／半個室 無／完全個室 4〜10名×4室

MAP▶P120-05／C2

祇園 鹿六
ぎおん かろく
📞 075・561・6500
㊟ 京都市東山区八坂通東大路西入小松町566-25
🕐 11:30〜14:00 (LO／13:30)、17:00〜23:30 (LO／23:00)
㊡ 日曜　Ⓟ 無
CARD VISA・MasterCard・DC・ダイナースクラブ・AMEX・JCB
禁煙席無

SHOP DATA — ショップデータ —

| 京都らしい | 夜遅 | 飲み放題あり |
| SITUATION |
| 歓送迎会　接待　記念日　デート　女子会 |

ワイワイ ▼ しっとり

コース	7500円(9品)、1万円(10品) 1万6000円(11品)
飲み放題	2500円(10種、90分)
ビール	1杯 850円(サントリー)、瓶1本 780円(アサヒ)
貸切	不可
サプライズ	可 ※1週間前までに要予約

京 祇園四条(徒歩4分)　地 三条京阪(徒歩5分)　阪 河原町(徒歩8分)

桜肉料理

01.赤身とサシのバランスが絶妙なバラ肉は、ハリハリ鍋で。馬骨をベースにした深い味わいのダシにさっとくぐらせるだけで、桜肉の旨みがより際立つ　02.個室も充実。最大25名までの宴会に対応できるので、会社の忘年会の幹事は必見　03.溶けだしたサシの香りが食欲をそそる溶岩焼きは、表面をカリッと焼き上げて馬肉の旨みを閉じ込めるのが鉄則　04.コースの馬刺しは、舌にのせただけでとろける極上トロを筆頭に6種盛り。馬刺し専用の醤油タレも美味

祇園 馬春楼

桜肉専門店で一味違う宴会を

華やかな宴席には色鮮やかな桜肉がよく似合う

使用するのは、馬肉の本場・熊本阿蘇から直送されてくる桜肉。そんな鮮度抜群の馬肉の定番料理を網羅したいなら「ひだりうまコース」を。ハリハリ鍋や溶岩焼きなどから選べるメインをはじめ、全7品の馬肉尽くしのコースだ。舌の肥えた食通を唸らせる味わいだけでなく、低カロリー＆低脂肪なので、ヘルシー志向の女性たちからも喝采を浴びること間違いなし。

The average budget 平均予算(1人) **9,000 YEN～**

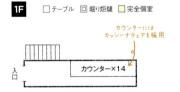

最大宴会人数25名　カウンター 14席／テーブル 2～8名×6卓／半個室 無／完全個室 2～8名×6室

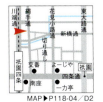

祇園 馬春楼
ぎおん ばしゅんろう

所 京都市東山区縄手通新橋上ル弁財天町22
時 17:00～23:00 (LO/22:00)
休 日曜(連休の場合は最終日休)　P 無

TEL 075・541・1129
CARD VISA・MasterCard・ダイナースクラブ・AMEX・JCB
禁煙席無

MAP▶P118-04／D2

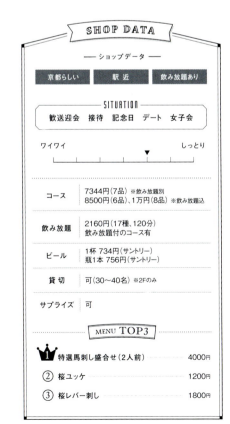

京 祇園四条(徒歩3分)　地 三条京阪(徒歩7分)　　　　　　　　　　　　　　和食

01.掘り炬燵で使いやすい、8名まで対応の完全個室。元お茶屋の風情を感じる空間は接待にぴったり 02.ふぐ尽くしコース1万円。==湯引き、てっさ、ふぐの唐揚げ、焼きふぐ、てっちりと、まさにふぐ三昧!== さらに飲み放題も付いてお得。寒さが増したらクエコース1万2000円も登場する　03.上品な弁柄色の店構えが印象的　04.京都の夏を実感する、鱧おとし。上品で淡白な味わいの淡路島産の鱧を厳選して使用

祇園 べんがら　　"旬感"会席のおもてなし

京料理の真髄が感じられる、季節の移ろいを表現した会席

四季の味わいを盛り込んだ会席に定評あり。「旬」はもちろん、新しい季節をいち早く取り入れる「走り」や円熟した食材を取り入れる「名残」も意識した品々には、京料理の真髄が込められているといっても過言ではない。==お茶屋だった建物を改装した和モダンな空間==で、食に精通した料理長が腕を振るう和食の妙味を堪能する。そんな贅沢なひとときを。

The average budget 平均予算(1人) **9,000 YEN～**

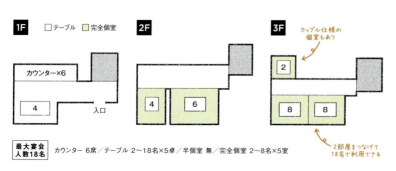

最大宴会人数18名　カウンター 6席／テーブル 2〜18名×5卓／半個室 無／完全個室 2〜8名×5室

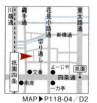

祇園 べんがら
ぎおん べんがら

所 京都市東山区八坂新地富永町107
12:00～15:00 (LO/13:30) ※要予約
17:00～23:00 (LO/21:30)
休 日曜(連休の場合は最終日休)　P 無

TEL 075・541・1029
CARD VISA・MasterCard・ダイナースクラブ・AMEX・JCB
禁煙席無

MAP▶P118-04／D2

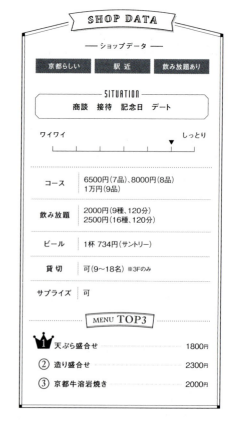

SHOP DATA
─ショップデータ─

京都らしい　駅近　飲み放題あり

SITUATION
商談　接待　記念日　デート

ワイワイ　　　　　　　しっとり

コース	6500円(7品)、8000円(8品) 1万円(9品)
飲み放題	2000円(9種、120分) 2500円(16種、120分)
ビール	1杯 734円(サントリー)
貸切	可(9〜18名) ※3Fのみ
サプライズ	可

MENU TOP3
① 天ぷら盛合せ　1800円
② 造り盛合せ　2300円
③ 京都牛溶岩焼き　2000円

[京]祇園四条(徒歩4分) [地]三条京阪(徒歩7分) [阪]河原町(徒歩8分) 和食

祇園 晩餐 京色

祇園デビューに最適な一軒

三本柱の酒肴とともに、宴に酔いしれたい

祇園ビギナーも気負わずに入りやすい居酒屋仕様。鶏ガラとあごでとったダシで煮込むおでんや山海の幸をカラッと揚げた天ぷら、亀岡のブランド鶏・七谷赤地鶏が看板メニュー。舌だけでなく、天ぷらを揚げる音やダシ香りなどを五感で楽しみたい。

平均予算(1人) 5,000YEN～

01.2Fには、掘り炬燵式の完全個室も。円卓を中央に配した空間で、クッションに身を委ねながら楽しいひとときを過ごしたい 02.しっかりとダシが染みたおでんは250円～。旬の食材を使った天ぷらは、藻塩をはじめとする3種の塩で

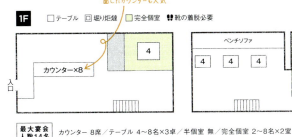
活気あふれる厨房に面したカウンターも人気
1F ■テーブル ■掘り炬燵 ■完全個室 ■靴の着脱必要 2F

最大宴会人数14名　カウンター 8席／テーブル 4～8名×3卓／半個室 無／完全個室 2～8名×2室

MAP▶P118-04／D2

祇園 晩餐 京色
ぎおん ばんさん きょうしょく
[所]京都市東山区大和大路通富永東入ル末吉町95
[時]18:00～24:00(LO／23:30)
[休]日曜　[P]無

☎075・541・5523
[CARD]VISA・MasterCard・DC・ダイナースクラブ・AMEX・JCB
禁煙席有

SHOP DATA — ショップデータ —

京都らしい　夜遅　駅近　飲み放題あり

SITUATION
歓送迎会　接待　記念日　顔合わせ

ワイワイ ▼ しっとり

コース	6000円(9品)、7500円(9品)
飲み放題	2000円(10種、120分)
ビール	1杯 600円(キリン)、瓶1本 600円(キリン)
貸切	不可
サプライズ	可 ※前日までに要予約

[京]祇園四条(徒歩6分) [阪]河原町(徒歩10分) 和食

祇園 ひょうたん

食への探求心に脱帽

華やかな街に佇む美食のるつぼ

元寿司職人で、ワインにも造詣が深い店主が作る料理は、和洋の枠にとらわれない無国籍料理。生簀の魚介を使ってワインのお供に最適な酒肴を作ったかと思えば、慣れた手つきで寿司を握る。客のわがままにもそつなく応える懐の広さに魅了された客たちが今夜も集う。

平均予算(1人) 5,000YEN～

ワインとのマリアージュが楽しめる料理が充実

01.活オマール海老チーズ4500円。丸ごと一尾を使った豪快さとは裏腹に、特製チーズソースで身の甘さを際立たせた繊細な味わい 02.ライトアップされた中庭を望みながらワインを嗜むのも一興 03.フルボディの赤ワインとも相性抜群のバルサミコ仕立てのイタリアン酢豚1500円。はちみつとワインを隠し味に使っているので、口当たりはまろやか

1F ■テーブル ■座敷 ■半個室 ■完全個室 ■靴の着脱必要 2F

最大宴会人数40名　カウンター 6席／テーブル 4～8名×9卓／半個室 2～6名×2室／完全個室 2～12名×3室

MAP▶P118-04／D2

祇園 ひょうたん
ぎおん ひょうたん
[所]京都市東山区花見小路通四条上ル八坂新地清本町380
[時]18:00～翌3:00
[休]日曜　[P]無

☎075・525・1139
[CARD]VISA・MasterCard・DC・ダイナースクラブ・AMEX・JCBなど
禁煙席無

SHOP DATA — ショップデータ —

京都らしい　夜遅　飲み放題あり

SITUATION
打ち上げ　歓送迎会　同窓会　接待　デート

ワイワイ ▼ しっとり

コース	5400円(6～7品) ※飲み放題込
飲み放題	2000円(22種、90分) 飲み放題付のコース有
ビール	1杯 500円(アサヒ)
貸切	不可
サプライズ	可 ※3日前までに要予約

 京 祇園四条(徒歩1分) 阪 河原町(徒歩5分)

フレンチ

フレンチ祇園バル
丸橋 川端店

町家とフレンチの好ギャップ

フレンチ×町家で京都の味覚を心ゆくまで

町家ならではの落ち着いた空間で味わえる本格フレンチ。自慢の京都牛を世界各国のワインとともに楽しめる。1Fは窓から見える坪庭と、並ぶワインボトルが融合した和モダンな雰囲気を醸し出している。2Fには大小さまざまな個室があり、どちらも靴を脱いでゆったりと寛げる。

平均予算(1人)
3,500 YEN～

01.川端通沿いに佇む町家を改装した建物。夜はライトに照らされ、より一層趣のある雰囲気に 02.京都産の野菜やお肉、老舗の調味料などを使用した、シェフのこだわりフレンチ料理を堪能

最大宴会人数30名　カウンター 16席／テーブル 2～16名×11卓／半個室 無／完全個室 4～16名×4室

MAP▶P118-04／C2

フレンチ祇園バル 丸橋 川端店
フレンチぎおんバル まるはし かわばたてん
所 京都市東山区川端通四条上ル二丁目常磐町177
11:00～15:00 (LO／14:30)
17:00～24:00 (LO／23:00)
休 不定休　P 無

📞 075・561・6949
CARD VISA・MasterCard・AMEX・ダイナースクラブ
🚭 時間により禁煙 (11:00～15:00)

SHOP DATA
― ショップデータ ―

| 京都らしい | 夜遅 | 駅近 | 飲み放題あり |

SITUATION
歓送迎会　同窓会　接待　デート　女子会

ワイワイ ▼ しっとり

コース	3980円(6品) ※飲み放題込 3758円(7品)、4838円(8品) ※飲み放題別
飲み放題	1500円(50種、90分) 飲み放題付のコース有
ビール	1杯 520円～(アサヒ)
貸切	不可
サプライズ	可 ※3日前までに要予約。

ワインのストックは常時250種類以上!

 京 祇園四条(徒歩5分) 阪 河原町(徒歩9分)

割烹

祇園きたざと

まずはふわとろ焼とろろを

料理に合わせ豊富な地酒を用意

祇園クオリティを普段使いできる切り札的存在

小料理屋感覚で足を運べるアットホームな雰囲気に魅了された食通たちが集まる隠れ家店。四季折々の素材を使った割烹風の料理はもちろん、主人の北里隆俊さんの自由な発想を盛り込んだ創作料理まで、多彩なメニューに心躍る。ふわふわとした食感が魅力の焼とろろは必食。

平均予算(1人)
8,000 YEN～

01.主人との掛け合いを楽しみながら食事が楽しめるカウンターもおすすめだが、*大人数なら坪庭が望める個室がベター* 02.約40年前の創業時からの看板メニュー、焼とろろ1000円は、繊細な味わいの日本酒とも相性抜群

最大宴会人数25名　カウンター 7席／テーブル 2～10名×8卓／半個室 無／完全個室 4～10名×3室

MAP▶P118-04／D3

祇園きたざと
ぎおんきたざと
所 京都市東山区祇園町南側570-120
17:00～22:00 (LO／21:30)
休 火曜　P 無

📞 075・561・0150
CARD 不可
🚭 禁煙席有

SHOP DATA
― ショップデータ ―

| 京都らしい | 駅近 |

SITUATION
打ち上げ　歓送迎会　接待　商談　記念日

ワイワイ ▼ しっとり

コース	5400円(10品)、7560円(10品) ※予算に合わせて応相談
飲み放題	無
ビール	1杯 800円(アサヒ) 瓶1本 800円(アサヒ、キリン)
貸切	可(20名～25名) ※1週間前までに要予約
サプライズ	不可

[京] 祇園四条（徒歩6分） [阪] 河原町（徒歩10分）　　　中華

百香居

モダンな中華に思わず唸る

本格派メニューも気軽に楽しめる街の中華

四川、広東、創作と、中華料理全般に精通する平野シェフによる独創的な中華が楽しめる。フカヒレやアワビを使ったメニューから洋の手法を取り入れたものまで、確かな腕を感じさせる料理がずらり。ランチの前菜や肉・海鮮料理を一口サイズで盛り付けた豆皿十六膳（要予約）をお供に昼飲みも。

平均予算（1人） 6,000 YEN〜

01.厨房を囲むカウンター。「これ、ハーフポーションでもらえる?」など、カウンター越しに飛ぶわがままにも、柔軟に応えてくれる点も人気の秘密　02.四川名菜ヨダレ鶏1000円。自家製ラー油のピリッとした辛さに、箸が止まらない

□テーブル　□座敷　□掘り炬燵　□完全個室　□靴の着脱必要

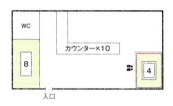

最大宴会人数8名　カウンター 10席／テーブル 4〜8名×2卓　半個室 無／完全個室 4〜8名×2室

百香居
ばいしゃんきょ
[所] 京都市東山区橋本町396-2 祇園神聖ビル5F
[時] 11:30〜14:00 ※火・木・土曜のみ営業、要予約
18:00〜22:00（LO/21:30）
[休] 日曜、祝日　[P] 無
MAP▶P118-04／D2

☎075・533・7292

CARD VISA・MasterCard・DC・ダイナースクラブ・AMEX・JCB

禁煙席有

SHOP DATA
─ショップデータ─

京都らしい

SITUATION
接待　打ち合わせ　記念日

ワイワイ　────▼────　しっとり

フカヒレの姿煮がつくコースが人気

コース	5800円(8品)、8800円(8品) 1万4000円(8品)
飲み放題	無
ビール	1杯 600円(アサヒ) 瓶1本 700円(キリン、サントリー、サッポロ)
貸切	可(10〜15名) ※4日前までに要予約
サプライズ	可 ※3日前までに要予約

[京] 祇園四条（徒歩4分） [阪] 河原町（徒歩8分）　　　居酒屋

遊亀

祇園で美味しく安く飲む

高コスパな酒蔵直営店で陽気に乾杯

1854年創業の老舗[岡村本家]の直営店。近江米で作られる「金亀」は、大吟醸から純米酒まで精米率の異なる5種が揃い、グラス1杯250円〜という驚きの安さで楽しめる。お造りや焼き物、揚げ物など豊富な一品料理に酒が進むこと間違いなし。

平均予算（1人） 3,000 YEN〜

01.品書き札がずらりと貼られたアットホームな雰囲気の1Fは28席のカウンターのみ。活気溢れるコの字型カウンターでは、店員におすすめを聞くのが正解　02.老舗らしき店構えに期待が高まる　03.明太子が丸ごと入った明太だし巻。定番ながら、酒好きの琴線に響く魅力的なラインナップに目移り必至

1F　□テーブル　□座敷　□靴の着脱必要　**2F**　**3F**

大勢の宴会は2Fと3Fの座敷で!

最大宴会人数40名　カウンター 28席／テーブル 4〜6名×16卓　半個室 無／完全個室 無

遊亀
ゆうき
[所] 京都市東山区富永町111-1
[時] 17:00〜23:00（LO/22:15）
土曜・祝前日〜24:00（LO/23:15）
[休] 日曜、祝日　[P] 無
MAP▶P118-04／D2

☎075・525・2666

CARD 不可

禁煙席無

SHOP DATA
─ショップデータ─

| 夜遅 | 駅近 | 飲み放題あり |

SITUATION
歓送迎会　接待　デート　おひとり様

ワイワイ　▼────────　しっとり

コース	4800円(6品)、5500円(7品) 6600円(8品) ※飲み放題込
飲み放題	飲み放題付のコース有
ビール	1杯 480円(サントリー)、瓶1本 620円(サントリー)
貸切	可(20名) ※5500円以上のコースのみ、1週間前までに要予約
サプライズ	不可

75

京 祇園四条（徒歩1分） 阪 河原町（徒歩5分）　　　　　　　　　　　　　　　　ビストロ

in the Soup.

夜景スポットの新定番

絶景ビストロは深夜食堂としても優秀

ビルの9Fにある隠れ家感と深夜3時までの営業という使い勝手の良さで人気。Tボーンステーキなどのガッツリ系からスパイスが利いたトリッパといったアテまで、フレンチベースの多彩なメニューが揃う。祇園の夜の切り札となること間違いなし。

一緒に丹後産のスパークリングワインを

01.特等席は、京都市内の夜景が楽しめる窓際のテーブル席。4月中旬から10月中旬には、屋上にルーフトップバー[in the Moon.]をオープン　02.Tボーンステーキ5940円。ボリューム満点の400gなので、シェアして楽しもう

The average budget 平均予算（1人） **4,000 YEN〜**

最大宴会人数30名
カウンター 7席／テーブル 2〜5名×9卓
半個室 無／完全個室 無

in the Soup.
インザ スープ

京都市東山区中之町200 カモガワビル9F
18:00〜翌3:00（LO／翌2:00）
水曜　P 無
MAP▶P118-04／D2

☎ 075・561・3941
VISA・MasterCard
禁煙席無

SHOP DATA ショップデータ

眺めがいい　夜遅　駅近

SITUATION
デート　女子会　おひとり様　2軒目

ワイワイ ━━━━▼━━━━ しっとり

コース	無
飲み放題	無
ビール	1杯 756円（ハイネケン） 瓶1本 842円（アサヒ）
貸切	可（20〜30名）※1週間前までに要予約
サプライズ	可　※1週間前までに要予約

京 祇園四条（徒歩4分） 地 三条京阪（徒歩4分）　　　　　　　　　　　　　和食

京家きよみず
祇をん新橋

締めには「京たまご碁乃月」を使ったTKGを

自家製スープで味わうおでんも必食

家庭的な味わいで活力をリチャージ

居酒屋はもちろん、食堂使いもできるおばんざい処。大皿に盛られたおからや胡麻和えなどがカウンターを彩り、その先にはダシ色に染まったおでんダネが大きな鍋を埋め尽くしている。道南の真昆布と丹後・琴引き浜の塩でとったダシで煮込んだ京風おでんは、上品で深みのある味わい。

01.常時10種以上が日替わりで揃うおばんざいは400円〜。にしんと茄子の炊いたんといった、京都らしさを感じさせるおばんざいが人気　02.2Fには、床の間を設けた個室を用意。40名収容可能なので、大勢での忘年会利用にも最適　03.築150年以上の町家をリノベーション。新橋通沿いにあるので、祇園らしい町並みを楽しみながら足を運びたい

The average budget 平均予算（1人） **4,000 YEN〜**

最大宴会人数40名
カウンター 9席／テーブル 2〜4名×6卓／半個室 無／完全個室 4〜8名×1室

京家きよみず 祇をん新橋
きょうやきよみず ぎをんしんばし

京都市東山区新橋通花見小路東入ル二丁目橋本町416
17:00〜23:30（LO／23:00）
日曜、祝日の月曜　P 無
MAP▶P118-04／D2

☎ 075・205・0055
VISA・MasterCard・DC・ダイナースクラブ・AMEX・JCBなど
禁煙席有
※2Fのみ喫煙可、1Fに喫煙席あり

SHOP DATA ショップデータ

京都らしい　子供連れ歓迎　夜遅　駅近　飲み放題あり

SITUATION
打ち上げ　歓送迎会　同窓会　接待　デート

ワイワイ ━━━━▼━━━━ しっとり

コース	3500円（9品）、4000円（10品） 4500円（10品）
飲み放題	1500円（20種、90分）
ビール	1杯 600円（サッポロ） 瓶1本 600円（サッポロ）
貸切	可（25〜50名）※2日前までに要予約
サプライズ	可　※10日前までに要予約

🚋 京 祇園四条（徒歩4分） 阪 河原町（徒歩8分）　　　　　　　　　　　　　　　　　　　中華

ぎをん 翠雲苑
ぎをん すいうんえん

やさしい味わいに
ほっとする

京風仕立ての広東料理に舌鼓
メディアなどでも取り上げられている九条ねぎと蒸し鶏の汁麺のランチセットが人気。ディナーのコースは5000円～。和食のようにあっさりとした味わいの広東料理なので、老若男女問わず、満足すること請け合い。

健康志向の人には
薬膳ホーコー鍋がおすすめ

The average budget (1人)
平均予算 6,000 YEN～

MAP ▶P118-04／D3

📞 075・561・0826
㊙ 京都市東山区花見小路通四条下ル祇園町南側570-119
🕐 12:00～14:00、17:00～21:00（LO／20:30）
休 火曜※夜の予約は応相談　P 無

💳 VISA・MasterCard・DC・
　 ダイナースクラブ・JCB
🚭 禁煙席有

SHOP DATA
──ショップデータ──

| 京都らしい | 駅近 | 飲み放題あり |

コース	5400円(8品)、6480円(8品) 8640円(8品)、1万800円(10品)
飲み放題	7000円(8種、120分) 1万円(8種、120分)
ビール	1杯 648円(アサヒ) 瓶1本 648円(アサヒ、キリン)
貸切	可(2～60名)※前日までに要予約
サプライズ	可 ※前日までに要予約 ※当日は応相談
席数	最大宴会人数60名 カウンター 無／テーブル 2～10名×6卓／ 半個室 無／完全個室 2～10名×6室

🚋 京 祇園四条（徒歩4分） 阪 河原町（徒歩8分）　　　　　　　　　　　　　　　　　　ダイニングバー

空き箱 Hanare
あきばこ ハナレ

ワイン好き御用達

ワインとチーズの黄金コンビに乾杯
ワインショップ[PICASSO]がプロデュースするバー。溶かしたラクレットチーズを野菜やバゲットにかける、ワインとのマリアージュメニューが人気を呼んでいる。1Fで購入したワインは、持ち込みが可能。

"ちょっとずつ美味しいもの"が
ワインのアテにぴったり

The average budget (1人)
平均予算 2,000 YEN～

MAP ▶P118-04／D2

📞 075・541・4450
㊙ 京都市東山区弁財天町15 スペース新橋4F
🕐 18:00～24:00
休 日曜、第2月曜、祝日　P 無

💳 VISA・MasterCard・DC・
　 ダイナースクラブ・AMEX・JCBなど
🚭 禁煙席無

SHOP DATA
──ショップデータ──

| 夜遅 | 駅近 | 飲み放題あり |

コース	4000円(7品)※飲み放題込
飲み放題	2000円(25種、120分) 飲み放題付のコース有
ビール	1杯 600円(サッポロ)
貸切	可(15～25名)※前日までに要予約
サプライズ	可 ※前日までに要予約
席数	最大宴会人数27名 カウンター 7席／テーブル 3～5名×4卓／ 半個室 無／完全個室 無

🚋 京 祇園四条（徒歩3分） 阪 河原町（徒歩7分）　　　　　　　　　　　　　　　　　　　　　中華

祇園 虜や
ぎおん とりこや

酢豚がスペシャリテ

銘柄豚を使ったメニューに自信あり
長岡京での実績を引っさげて、祇園へ進出した中華料理店。熟練のシェフの技が注ぎ込まれた料理は、アラカルトでもコースでも楽しめる。京丹波高原豚を使ったメニューが看板なので、余すところなく食べ尽くしたい。

コースで味わう
地産の銘柄豚

The average budget (1人)
平均予算 4,500 YEN～

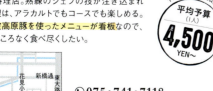

MAP ▶P118-04／D2

📞 075・741・7118
㊙ 京都市東山区富永町111-2 第2フェニックスビル1F
🕐 11:00～14:00、17:30～23:00（LO／22:00）
休 日曜、祝日　P 無

💳 VISA・MasterCard
🚭 禁煙席有

SHOP DATA
──ショップデータ──

| 京都らしい | 駅近 | 飲み放題あり |

コース	6000円(6品)、7000円(7品) 8000円(8品)※飲み放題込
飲み放題	飲み放題付のコース有
ビール	1杯 600円(キリン) 瓶1本 650円～(アサヒ、サッポロ)
貸切	可(20～30名)※1週間前までに要予約
サプライズ	不可
席数	最大宴会人数30名 カウンター 無／テーブル 2～4名×8卓／ 半個室 無／完全個室 無

京 祇園四条（徒歩11分） 豆腐料理

豆水楼 祇園店
とうすいろう ぎおんてん

〈風流な空間〉

汲み上げ湯葉は外せない!

古き良き時代を感じながら名物豆腐を堪能

築130年の町家と蔵を使った離れで営む豆腐料理専門店。とろりとした口溶けのおぼろ豆腐や、祇園店限定の炭火焼田楽など、充実のラインナップが魅力。しっぽり仲間と宴会するもよし、個室で商談するもよしの万能店だ。

MAP ▶ P118-04／D3

☎ 075・561・0035

所 京都市東山区東大路通松原上ル四丁目毘沙門町38-1
営 11:30～14:00(LO)、17:00～22:00（入店／21:00）
　土・日曜、祝日11:30～21:00（入店／20:00）
休 不定休　P 無

CARD VISA・MasterCard・ダイナースクラブ・AMEX・JCBなど
全席禁煙

The average budget (1人)
6,000 YEN～

SHOP DATA ショップデータ

京都らしい	飲み放題あり

コース	4536円(10品)
飲み放題	1701円(約20種、90分)
ビール	1杯 680円(キリン)
貸切	不可
サプライズ	不可
席数	最大宴会人数20名 カウンター 8席／テーブル 2～4名×8卓／半個室 無／完全個室 3～20名×3室

地 東山（徒歩4分） 中華

東北家
とうほくや

〈本格中華を気軽に堪能〉

香辛料が利いたなすの炒めものは必食!

最高峰の中華のアテはお酒が進む

中華料理界の最高位「特級厨師」資格を持つ孫シェフが腕を振るう。目を引くのは、とうがらしや山椒をアクセントに利かせた白菜の甘酢漬けなど、野菜主体のメニュー。ボリューミーかつヘルシーな女子会を叶えてくれる。

MAP ▶ P120-05／C1

The average budget (1人)
2,000 YEN～

☎ 075・744・1998

所 京都市左京区東大路通三条上ル南門前町536-5 長谷川ビル1F
営 11:00～14:30(LO／14:00)、17:00～24:00(LO／23:30)
休 月曜（祝日の場合は営業）　P 無

CARD 不可
禁煙席無

SHOP DATA ショップデータ

夜遅	駅近	飲み放題あり

コース	2500円(9品) ※税別、予算により応相談
飲み放題	1500円(約30種、90分) ※税別
ビール	1杯 430円(アサヒ、キリン) ※税別
貸切	可(25～32名) ※前日までに要予約
サプライズ	不可
席数	最大宴会人数32名 カウンター 無／テーブル 4～10名×6卓／半個室 無／完全個室 無

京 祇園四条（徒歩6分） 阪 河原町（徒歩10分） 焼肉

祇園 石屋
ぎおん いしや

〈著名人も愛する京焼き肉〉

京都生まれの肉を心ゆくまで堪能して

府内で育てられた"京の肉"や、京野菜をはじめ地の食材をふんだんに使ったメニューを提供。肉の旨みを引き立てる自家製のタレは、独自のブレンドをするなど味へのこだわりはかなりのもの。八坂神社を眺めながら、上質な肉を頬張る優雅なひとときを。

MAP ▶ P118-04／D3

☎ 075・531・0290

所 京都市東山区祇園町南側539
営 11:30～16:00
　17:00～24:00(LO／23:00)
休 不定休　P 無

VISA・MasterCard・DC・ダイナースクラブ・AMEX・JCBなど

時間により禁煙(11:30～16:00)

The average budget (1人)
5,000 YEN～

SHOP DATA ショップデータ

京都らしい	夜遅	飲み放題あり

コース	6000円～ ※飲み放題込 ※内容は要相談
飲み放題	飲み放題付のコース有
ビール	1杯 594円～(アサヒ)
貸切	可 ※30名まで、5日前までに要予約
サプライズ	不可
席数	最大宴会人数30名 カウンター7席／テーブル4名×7卓／半個室無／完全個室無

なんと30名の貸し切りにも対応

地 三条京阪(徒歩4分) 京 三条(徒歩4分)

焼肉

和牛焼肉 徳
わぎゅうやきにく とく

旨い肉に出合うならココ

近江牛を隅から隅まで食べ尽くす

激選された近江牛を中心に、上質な和牛を一頭買いしているので、スタンダードな部位から、タン元やみすじなどの希少部位までより取り見取りでリーズナブル。一頭分食べ尽くすつもりで、肉宴会を開催しよう。

MAP ▶ P118-04／D2

☎ 075・533・2929
所 京都市東山区縄手通三条下ル三丁目弁財天町26 2F
時 17:00～24:00（LO／23:00）
休 月曜（祝日の場合は営業）　P 無
CARD VISA・MasterCard・ダイナースクラブ・AMEX・JCB
禁煙席無

The average budget (1人)
平均予算 7,000 YEN～

SHOP DATA
──ショップデータ──

眺めがいい	夜遅	駅近	飲み放題あり

コース	6000円（8品）
飲み放題	1500円（約25種、90分）
ビール	1杯 648円（アサヒ）
貸切	可（50名～80名） ※3日前までに要予約
サプライズ	可 ※前日までに要予約
席数	最大宴会人数80名 カウンター 無／テーブル 4～8名×17卓 半個室 無 完全個室 4～8名×7室

個室でしっとり食事も楽しめる

 京 祇園四条(徒歩8分)

韓国料理

本格手打ち冷麺 京風韓国酒場
アジョシ 祇園八坂本店
ほんかくてうちれいめん きょうふうかんこくさかば アジョシ ぎおんやさかほんてん

締めまでバッチリ!

The average budget (1人)
平均予算 3,000 YEN～

祇園を舞台に本格韓流グルメで大宴会を!

八坂神社の南門に程近い、本場仕込みの韓国料理に出合える店。チャプチェやチヂミなどの定番料理から、本国から取り寄せた食材を使う鍋など季節料理も用意。冷麺は、歯応えの良い麺とあっさり味のスープで、〆にぴったりだ。

MAP ▶ P118-04／D3

☎ 075・531・8150
所 京都市東山区下河原通八坂鳥居前下ル清井町492-3 1F
時 17:30～翌6:00（LO／翌5:00）
休 水曜　P 無
CARD VISA・MasterCard・ダイナースクラブ・AMEX・JCB
禁煙席無

祇園では珍しい朝まで営業!

SHOP DATA
──ショップデータ──

夜遅	駅近	飲み放題あり

コース	4500円（10品）※飲み放題込
飲み放題	飲み放題付のコース有
ビール	1杯 510円（アサヒ） 瓶1本 640円（アサヒ）
貸切	可（20～25名）※3日前までに要予約
サプライズ	不可
席数	最大宴会人数25名 カウンター 5席／テーブル 2～4名×4卓 半個室 無／完全個室 無

京 祇園四条(徒歩1分) 阪 河原町(徒歩5分)

スペイン料理

Gastromeson
CHULETA
ガストロメソン チュレタ

ワンフロアでのパーティOK!

さまざまなシーンで使えるスパニッシュバル

アクセス抜群の駅近バル。名物の骨付き肉グリル「チュレタ」や個性的な4種のモヒートがおすすめ。フロアを見渡せる広々とした空間は大勢での貸し切りに最適。しっぽり飲むときはカウンターやテラス席で楽しんで。

音響やマイクなどの設備も

MAP ▶ P118-04／D2

☎ 075・525・7050
所 京都市東山区中之町200 カモガワビル1F
時 17:30～翌6:00（LO／翌5:00）
休 火曜（祝日の場合は営業、翌日休）　P 無
CARD VISA・MasterCard・AMEX
禁煙席無

The average budget (1人)
平均予算 4,000 YEN～

SHOP DATA
──ショップデータ──

夜遅	駅近	飲み放題あり

コース	5000円（7品）、5500円（8品） 6500円（9品）※飲み放題込
飲み放題	飲み放題付のコース有
ビール	1杯 756円～（キリン、他）
貸切	可（20～30名）※前日までに要予約
サプライズ	可 ※前日までに要予約
席数	最大宴会人数30名 カウンター 6席／テーブル 2～4名×6卓 半個室 無／完全個室 無

今夜二軒目は、BARにしよう

宴の勢いそのままに二次会へと繰り出すのも捨てがたいが、たまにはバーでしっぽり過ごしたい。
そんな気分が頭をよぎった際にぴったりの3軒を、祇園エリアから選りすぐり。

和空間バーは京の粋人たちの社交場

祇園NITI
ぎおんニチ

気鋭のインテリアデザイナーが手掛けた町家は、古都ならではの設えが施されたモダンバー仕様。1Fには畳×ソファ、2Fには中庭を望める個室を備えるなど、和の空間が居心地のよさを演出している。イチゴのシャンパンカクテルなど、四季折々の移ろいを感じさせる一杯を嗜みながら至福の夜を締めくくりたい。

はじける泡と爽やかな果実の旨みが印象的。シャンパンとカシスのキールロワイヤル2000円

ジンとライムジュースのギムレット1500円。ハードボイルドな気分に浸りながら味わおう

☎075・525・7128
京都市東山区祇園町南側570-8
カフェ11:00～18:00　バー19:00～翌2:00
バー／水曜休（連休の最終日の場合休）
時間により禁煙（～18:00）　完全個室有
P無　チャージ1人1000円
MAP▶P118-04／D3

凛とした雰囲気が漂う大人空間で本格派カクテルに酔いしれたい

スパイ映画の金字塔『007』シリーズにも登場するヴェスパーマティーニ1500円

サイドカー1000円。店の質がわかると言われる、バーテンダーの力量を図るには最適な一杯

BAR 祇をん あら井
バー ぎをん あらい

バービギナーでも気軽に入りやすい、オーセンティックバーの名店。どんなオーダーにも応える懐の広さやマスターの軽快なトークなど、「これぞバー」の醍醐味を思う存分堪能できる。フレッシュフルーツをベースにしたノンアルコールカクテルもあり、お酒が強くない淑女への気遣いも抜かりない。

☎075・561・0007
京都市東山区花見小路通四条上ル
八坂新地富永町123 花見会館1F
18:00～翌3:00
日曜休　禁煙席無　完全個室無　P無
チャージ1人500円
MAP▶P118-04／D2

時が過ぎゆくのを忘れさせる日本茶×洋酒の魅惑の味わい

お茶と酒 たすき
おちゃとさけ たすき

現代のセレクトリサイクルショップ[PASS THE BATON]の京都祇園店併設の喫茶・BAR。21時からのバータイムでは、日本茶をベースにしたカクテルをはじめ、日本人の琴線をくすぐるメニューが充実。白川を眺められるテーブル席もあるので、ロマンチックな雰囲気に浸りながら更けゆく夜を堪能したい。

煎茶ジントニック1188円。煎茶を漬け込んだジンを使用し、独特な味わいを実現

煎り番茶ハイボール972円。スモーキーな香りとさわやかな味わいが魅力の一杯

☎075・531・2700
京都市東山区末吉町77-6
PASS THE BATON KYOTO GION内
喫茶11:00～19:00
バー21:00～翌2:00
水曜休(バーのみ)　全席禁煙
完全個室無　P無　チャージ1人500円
MAP▶P118-04／D2

KYOTO STATION

京都駅エリア

ターミナル駅である京都駅周辺のエリアは府外からもアクセス抜群で、遠方からメンバーが来る場合に集まりやすいのが嬉しい。人気店の2号店や姉妹店の出店も多い、進化中の注目エリアでご機嫌なひとときを！

主な最寄駅
- JR「京都」
- 京都市営地下鉄「京都」
- 近鉄「京都」

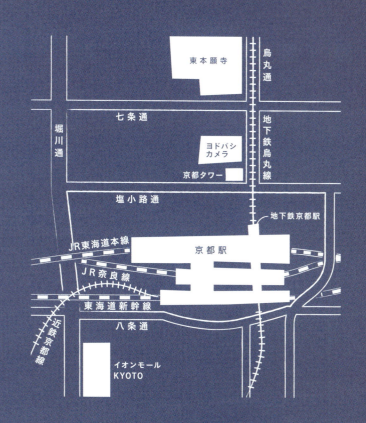

J 京都(徒歩7分) 地 京都(徒歩7分) 近 京都(徒歩10分)

居酒屋

鬼河童
駅チカで町家気分を満喫

ほっと和める空間で京らしい宴を

町家を改築した風情たっぷりのダイニングで味わうのは、自家製のざる豆腐や生湯葉のお造りなど、馴染みやすく上品に仕上げた和食。日本酒も豊富とあって、舌の肥えた食道楽も必ず満足できるはず。府外の人などに京都を案内する際には立ち寄りたい一軒。

The average budget
平均予算(1人)
4,000 YEN〜

01.接待にも使える大人の空間にはカウンターや掘り炬燵もあり使い勝手抜群
自家製ざる豆腐。豆腐本来の美味しさを再発見できる
02.毎朝仕入れるコクのある豆乳を使った

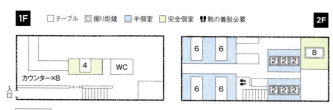

1F □テーブル ■掘り炬燵 ■半個室 ■完全個室 ●靴の着脱必要 **2F**

最大宴会人数65名 カウンター 8席 ／ テーブル 2〜8名×12卓 ／ 半個室 3〜8名×4室 ／ 完全個室 2〜6名×2室

SHOP DATA
ショップデータ

京都らしい　夜遅
SITUATION
打ち上げ　歓送迎会　同窓会　接待　デート
ワイワイ ────▼──── しっとり

コース	3800円(9品) ← 創作京料理をじっくり味わえるコース
飲み放題	無
ビール	1杯 550円(アサヒ)
貸切	可(15〜28名) ※前日までに要予約
サプライズ	不可

鬼河童
おにがっぱ

所 京都市下京区東塩小路町690-6-2
☎ 075・344・8006
17:30〜24:00(LO／23:15)
日曜、祝日17:00〜23:00(LO／22:15)
CARD VISA・MasterCard・ダイナースクラブ・AMEX・JCB
休 不定休　P 無
禁煙席有

MAP▶P121-05／B3

| J 京都（徒歩8分） | 地 京都（徒歩8分） | 近 京都（徒歩11分） |

居酒屋

寒い時に嬉しい鍋コース

01.木目調の温もり溢れる落ち着いた店内。接待やデートにも最適 02.5000円や6000円の鍋のコースには、お造りや飲み放題などがセットに。みんなでつついて盛り合がろう。写真は豚のハリハリ鍋 03.ソーセージにベーコン、牛タンなど、3種類のグリル盛り合わせが人気。ワインや京の地酒と合わせて

まんざら亭 烏丸七条

「まんざらイズム」を京都駅でも

鰻の寝床で楽しむおばんざいと地酒

人気居酒屋が京の玄関口でもお出迎え。静かな路地裏にあり落ち着いた大人好みの雰囲気。店内は1Fにカウンター、2Fにテーブル席を完備しており、仕事終わりの一杯から客人の気軽なおもてなしまで、あらゆるシーンに利用できる。季節のおばんざいと京の地酒で一日を締めくくろう。

The average budget
平均予算 (1人)
4,500 YEN〜

1F □テーブル ■完全個室
2F

カウンターでしっぽりでもOK

最大宴会人数35名　カウンター 8席 ／ テーブル 2〜7名×22卓 ／ 半個室 無 ／ 完全個室 10〜15名×1室

── SHOP DATA ──
ショップデータ

| 京都らしい | 夜遅 | 飲み放題あり |

── SITUATION ──
打ち上げ　歓送迎会　同窓会　打ち合わせ　デート

ワイワイ ──▼── しっとり

コース	5000円（7品） 6000円（8品）※飲み放題込
飲み放題	飲み放題付のコース有
ビール	1杯 600円（キリン）、瓶1本 650円（キリン）
貸切	可（30〜35名）※1週間前までに要予約
サプライズ	不可

── MENU TOP3 ──
① 国産豚のしゃぶしゃぶ ……… 4860円
② お造り盛り合わせ ……… 6480円
③ 国産牛のすき焼き・しゃぶしゃぶ ……… 2700円

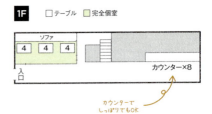

まんざら亭 烏丸七条
まんざらてい からすまななじょう

℡ **075・353・4699**

所 京都市下京区東境町179
営 17:00〜24:00（LO／23:30）
休 無休　P 無

CARD VISA・MasterCard・DC・ダイナースクラブ・AMEX・JCBなど
禁煙席無

MAP ▶ P121-05／B3

 J 京都(徒歩8分) 地 京都(徒歩8分) 近 京都(徒歩11分)　　居酒屋

01.キッチンを囲むカウンター横には、**漬け樽に並ぶ季節の漬け野菜がズラリ15種類** 02.漬け野菜400円〜、だしまき玉子350円〜、ハーブフルジュース500円、サワー700円 03.照明に漬け樽を使ったユニークな内装の2F。貸し切りも可なのでちょっとしたパーティに最適

漬け野菜 isoism　〜ヘルシーな漬け野菜をアテに

野菜を追求する[五十棲]の新展開！

自家菜園の野菜を中心に、**新鮮野菜の美味しさを伝える[五十棲]グループの5店舗目が2016年7月に京都駅エリアに登場。**さまざまな素材に漬け込み、肉やチーズ、魚といった食材と掛け合わせて食べ応え十分な一皿に仕上げた「漬け野菜」が自慢。ハーブ&フルーツのハーブフルやビオワイン、京都の地酒などドリンクも豊富。

The average budget
平均予算 (1人)
2,500 YEN〜

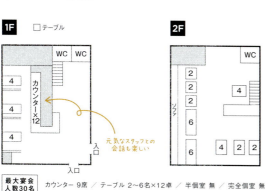

カウンター 9席 ／ テーブル 2〜6名×12卓 ／ 半個室 無 ／ 完全個室 無
最大宴会人数 30名

漬け野菜 isoism
つけやさい イソイズム

所 京都市下京区七条通烏丸西入ル中居町114
時 17:00〜24:00(LO／23:30)
休 不定休　P 無

📞 075・353・5016
CARD VISA・JCB
全席禁煙

MAP ▶ P121-05／B3

SHOP DATA — ショップデータ

京都らしい　夜遅　飲み放題あり

SITUATION
打ち上げ　歓送迎会　同窓会　女子会　おひとり様

ワイワイ　▼　しっとり

コース	2500円(9品)
飲み放題	1500円(15種、90分)
ビール	1杯 550円(アサヒ)
貸切	可(20〜30名) ※前日までに要予約、貸切は2Fのみ
サプライズ	可 ※当日予約可

MENU TOP3
① 茄子 だし醤油漬け×肉味噌　400円
② ごぼう ぴり辛醤油漬け×鴨肉　550円
③ トマト 白ワイン漬け×モッツァレラ　600円

J 京都（徒歩8分） 地 京都（徒歩8分） 近 京都（徒歩11分）

食べたい量だけ頼める ローストビーフ

フレンチ

烏丸・丸太町 KARASUMA/MARUTAMACHI

京都駅 KYOTO STATION

河原町・木屋町・先斗町 KAWARAMACHI/KIYAMACHI/PONTOCHO

祇園 GION

二条城周辺・大宮・西院 NIJO CASTLE/OMIYA/SAIIN

北山・北大路 KITAYAMA/KITAOJI

02

03

01.オープンキッチンなので、カウンターから調理風景が間近に見られる。自分がオーダーした料理が出来上がってゆく過程も楽しめる 02.ハーブと牛脂で国産牛を包み焼きにした牛ロースの量り売りローストビーフ。注文を受けてから目の前で切り落とされるパフォーマンスにも注目 03.活オマールエビは、サフランスープ蒸し、スパイス焼き、ガーリックソテーの3種類の調理方法から好きな食べ方を選べる

BISTRO 仏男   高コスパな本格フレンチ

肉に魚介と、本格フレンチを手軽に楽しむ

ローストビーフや活オマール海老を使ったメイン料理に、丁寧に下処理を行ったパテ、オムレツなど、気軽に本格的なフレンチが楽しめる。なかでもローストビーフは、ほんのりピンク色が残ったジューシーな肉の旨みが味わえると人気を呼んでいる。24時まで営業しているので、ワイン片手に終電間近まで楽しもう。

The average budget 平均予算（1人） **4,500 YEN〜**

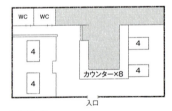

最大宴会人数24名　カウンター 8席 ／ テーブル 2〜4名×4卓 ／ 半個室 無 ／ 完全個室 無

BISTRO 仏男
ビストロ ふれんちまん

☎ 075・352・6610

⌂ 京都市下京区東洞院通七条下ル真苧屋町220-8
第一オグシビル2F

🕐 17：00〜24：00（LO／23：30）

休 月曜　P 無

CARD VISA・MasterCard・DC・ダイナースクラブ・AMEX・JCB など

🚭 全席禁煙（喫煙スペース有）

MAP▶P121-05／B3

SHOP DATA ショップデータ

夜遅

—SITUATION—
記念日　デート　合コン　女子会　おひとり様

ワイワイ ———————▼——— しっとり

コース	2500円（3品）※おひとり様のみ 3500円（5品）、5000円（5品）
飲み放題	無
ビール	1杯 520円（サントリー）
貸切	可（15〜24名）※2日前までに要予約
サプライズ	可 ※2日前までに要予約

おひとり様に優しい専用コースを用意

MENU TOP3
① 冷製ホタテの洋風茶わん蒸し　　320円
② 活オマール スパイス焼（ハーフ）　1980円
③ 本日の鮮魚のカルパッチョ　　　880円

🚇 J 京都（徒歩7分） 地 京都（徒歩7分） 近 京都（徒歩10分）

立ち呑み

天空の立ち呑み とさか

立ち飲みでは珍しいハイフロア

トマトチューハイと合わせるのがおすすめ

京都の夜景と絶品アテで賑やかに酒盛りを

ビルの4Fにある見晴らしの良い立ち呑み屋。舞鶴漁港から直送される新鮮な魚介を使った料理に、デミグラスすじ煮込みなどの創作料理まで、豊富なメニューがリーズナブルに味わえる。ロマンチックな空間と高コスパで、普段使いにピッタリ。

01.白を基調とした爽やかな店内。夜景が見られる窓近くのテーブルが人気 02.イタリアン出身のシェフが作る本格スペアリブ。イタリアンチーズやネギ塩など、ソースは6種類から選べるのも嬉しい 03.新鮮な海鮮を使った刺身の5種盛は、値段そのままでカルパッチョに変えることも可能

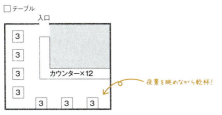

夜景を眺めながら乾杯！

The average budget 平均予算（1人）
1,500 YEN〜

最大宴会人数33名 ／ カウンター 12席 ／ テーブル 2〜3名×7卓 ／ 半個室 無 ／ 完全個室 無

天空の立ち呑み とさか
てんくうのたちのみ とさか

📍京都市下京区木津屋橋通室町東入ル東塩小路町579-24 ハウス24ビル4F
🕐 11:30〜23:00（LO／22:30）
休 無休　P 無
MAP▶P121-05／B3

📞 075・746・5929
CARD 不可
🚭 禁煙席無

SHOP DATA — ショップデータ

眺めがいい

SITUATION
打ち上げ　歓送迎会　打ち合わせ　待ち合わせ　デート

ワイワイ ▼ しっとり

コース	無
飲み放題	無
ビール	1杯 350円（アサヒ）、瓶1本 450円（アサヒ、サッポロ）
貸切	不可
サプライズ	不可

🚇 J 京都（徒歩7分） 地 京都（徒歩7分） 京 七条（徒歩10分）

フレンチ・洋食

レストラン 七番館

フレンチ基盤の洋食

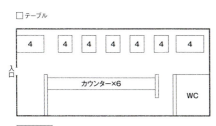

老若男女に愛される街の洋食屋

京都のホテルで17年間研鑽を積んだシェフが供するのは、フレンチをベースにしたアレンジ洋食。肉は国産和牛のみ、米と野菜は南丹市八木町の契約田畑からセレクト。その厳選素材を使って、オードブルやハンバーグなどの肉料理、パスタなど60種にも及ぶ多彩なメニューで魅了する。

01.まるでリビングのように居心地のよい空間。本格的な欧風料理がカジュアルに楽しめると人気　02.コック姿のちっちゃなおじさんが目印。コース料理も豊富にスタンバイ　03.フレンチに精通する折橋シェフ。職人気質の丁寧な仕事ぶりながら、柔和な笑顔と小粋なトークに常連をはじめ、多くの人に親しまれている

The average budget 平均予算（1人）
4,500 YEN〜

最大宴会人数50名 ／ カウンター 6席 ／ テーブル 2〜4名×7卓 ／ 半個室 無 ／ 完全個室 無

レストラン 七番館
レストラン ななばんかん

📍京都市下京区七条通烏丸東入ル真苧屋町210
🕐 11:00〜14:00（LO）、17:00〜22:00（LO／21:00）
休 日曜※貸切の場合は営業可　P 無
MAP▶P121-05／B3

📞 075・371・7321
CARD VISA・MasterCard・DC・ダイナースクラブ・AMEX・JCB
🚭 禁煙席無

SHOP DATA — ショップデータ

飲み放題あり

SITUATION
歓送迎会　ウエディング　記念日　デート　女子会

ワイワイ ▼ しっとり

コース料理にはデザートももれなく

コース	4500円（10品）、5000円（12品）5500円（13品）※飲み放題込
飲み放題	1800円（19種、120分）飲み放題付のコース有
ビール	1杯 580円（アサヒ）、瓶1本 620円（アサヒ）
貸切	可（30〜50名）※2週間前までに要予約
サプライズ	可 ※2週間前までに要予約

85

🚆 Ｊ 京都（徒歩8分）　地 京都（徒歩8分）　近 京都（徒歩11分）

スペイン料理

el Pollo 地下の穴場バル

季節の素材で作られる本場スペインの味

パエリアやコルドバ風フライなど、スペイン料理を中心に、パスタやピッツァまで幅広く欧風料理を揃える。契約農家から届くオーガニックや無農薬栽培の野菜、旬の魚など、食材へのこだわりも強い。天井高の開放的な空間で、欧風料理とワインで女子会を。

01.店名にもなっている「エルポジョ（鶏）」の置物や絵画が飾られたキューｔな店内。おしゃれな空間が女性に人気　02.新鮮な季節の魚介を使ったパエリアが看板メニュー。必食のひと皿

平均予算（1人）**4,000 YEN〜**

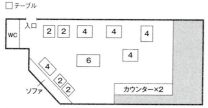

最大宴会人数45名　カウンター 2席／テーブル 2〜4名×10卓／半個室 無／完全個室 無

el Pollo　エル ポジョ

📞 075・344・0146

所 京都市下京区七条通烏丸北角東桜木町99 ブーケガルニビルB1F
時 17：30〜翌1：00、金・土曜、祝前日〜翌2：00（LO／24：30）日曜・祝日17：00〜
休 無休　P 無

CARD VISA・MasterCard・DC・ダイナースクラブ・AMEX・JCB
禁煙席 無

MAP▶P121-05／B3

SHOP DATA
ショップデータ

| 夜 遅 | 飲み放題あり |

SITUATION
打ち上げ　歓送迎会　ウエディング　デート　合コン

ワイワイ ────▼──── しっとり

コース	4500円（9品） 5000円（11品）※飲み放題込
飲み放題	飲み放題付のコース有
ビール	1杯 600円（ハイネケン）
貸切	可（2〜60名）※2日前までに要予約
サプライズ	可 ※2日前までに要予約

🚆 Ｊ 京都（徒歩11分）　地 京都（徒歩11分）　近 京都（徒歩14分）

イタリアンバル

貝と白ワインのバル KAKIMARU 七条店

"貝への裏切り" 肉料理もこっそりと

海のミルクでワインをがぶ飲み

多彩なレパートリーで味わう牡蠣の真髄

牡蠣を軸に様々な貝料理が楽しめるバル。低温でじっくりと蒸し上げ、甘みを引き出したスペシャリテの牡蠣のヴァポーレをはじめ、生牡蠣や牡蠣フライ、京風土手焼きなど縦横無尽のアレンジで楽しませてくれる。白のグラスを傾けながら、貝の深淵なる魅力にどっぷり浸ろう。

平均予算（1人）**3,500 YEN〜**

01.牡蠣小屋とは一線を画す、スタイリッシュな雰囲気の店内　02.宮城県石巻などから送られてきた新鮮な牡蠣を冷製仕立てにした、牡蠣のヴァポーレ1P 421円。ヴィネガージュレや塩レモン、サルサソースで味わって

1F／2F フロア図

最大宴会人数20名　カウンター 8席／テーブル 2〜6名×9卓／半個室 無／完全個室 無

貝と白ワインのバル KAKIMARU 七条店
かいとしろワインのバル カキマル ななじょうてん

📞 075・708・6938

所 京都市下京区七条通西洞院西入ル福本町404-10
時 17：00〜翌1：00
休 不定休　P 無

CARD 不可
全席禁煙

MAP▶P121-05／B3

SHOP DATA
ショップデータ

| 夜 遅 |

SITUATION
デート　女子会　おひとり様　2軒目

ワイワイ ────▼──── しっとり

コース	4000円（8品）、5000円（10品）
飲み放題	無
ビール	1杯 518円（サントリー）
貸切	可（16〜20名）※前日までに要予約
サプライズ	可 ※前日までに要予約

86

[J] 京都（徒歩9分） [地] 京都（徒歩9分） [近] 京都（徒歩12分）　　　イタリアン

石窯バル CENTRO

本格熱々ピザ処

ローマ風ピッツァとパスタで気軽にイタリアン

石窯を使ったメニューとサクサク食感のピッツァが魅力の人気店。他にも数種類のタパスに前菜、パスタなどがリーズナブルに味わえる。樽生スパークリングワインやビール、カクテルとドリンクも豊富なので、大人数で集まるパーティの会場や2軒目としてサクッと立ち寄るのにも最適だ。

01.大きな窓が印象的な外観。スタイリッシュな雰囲気で、デートや記念日にもぴったり　02.店内の石窯で作られるアラカルトは、アツアツで香ばしくておすすめ。写真はイメージ

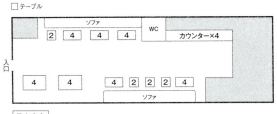

最大宴会人数65名　カウンター 4名 ／ テーブル 2〜6名×11卓 ／ 半個室 無 ／ 完全個室 無

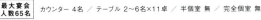

平均予算（1人）
4,300 YEN〜

石窯バル CENTRO
いしがまバル セントロ

㊟ 京都市下京区七条通烏丸西入ル東境町174 ファーストコート七条烏丸1F
⏰ 17:00〜翌1:00（LO／24:00）
金・土曜、祝前日〜翌2:00（LO／翌1:00）
休 火曜　Ｐ 無
☎ 075・342・1919
CARD VISA・MasterCard・ダイナースクラブ・AMEX・JCB
禁煙席有

MAP▶P121-05／B3

SHOP DATA
- ショップデータ -

| 夜遅 | 飲み放題あり |

SITUATION
打ち上げ　歓送迎会　ウエディング　記念日　デート

ワイワイ ──────▼────── しっとり

コース	5000円（12品） 6000円（14品）※飲み放題込
飲み放題	飲み放題付のコース有
ビール	1杯 550円（ハイネケン）
貸切	可（〜65名）※7日前までに要予約
サプライズ	可 ※当日予約可

パーティメニューは5000円〜対応可能!

[J] 京都（徒歩5分） [地] 京都（徒歩5分） [近] 京都（徒歩2分）　　　ビアパブ

アイリッシュパブ Man in the Moon 京都駅店

京都駅でプチ留学!

2〜3次会に最適な本格派パブ

「まだ飲み足りない、でも帰りの電車が心配」と言う時にぴったりなこちら。日本に数台しかない本物のサキソフォンビアタワーを始め、世界各国の生ビールがカウンターにずらり。ギネス片手にサッカー観戦をすれば、アイルランドの街角パブに居るかのような気分に。

深夜まで外国人で賑わう本格アイリッシュパブ

01.八条口側にある青いファーサードが目印。ランチが17時までやっているので、遅めの昼にも重宝　02.パリッとした食感とジューシーな肉汁にビールがついつい進むチキン&チップス

最大宴会人数6名　カウンター 10名 ／ テーブル 2〜4名×6卓 ／ 半個室 無 ／ 完全個室 無

平均予算（1人）
1,000 YEN〜

アイリッシュパブ Man in the Moon 京都駅店
アイリッシュパブ マン イン ザ ムーン きょうえきてん

㊟ 京都市南区東塩小路釜殿町31-1 近鉄名店街みやこみち内
⏰ 11:00〜翌2:00　金・土曜11:00〜翌4:00
休 無休　Ｐ 無
☎ 075・672・2522
CARD 不可
禁煙席無

MAP▶P121-05／B3

SHOP DATA
- ショップデータ -

| 夜遅 | 駅近 |

SITUATION
打ち上げ　待ち合わせ　おひとり様　2軒目

ワイワイ ──▼────────── しっとり

コース	無
飲み放題	無
ビール	1杯 650円〜（アサヒ、サッポロ、他）
貸切	不可
サプライズ	不可

[J] 京都（徒歩10分） [地] 京都（徒歩10分） [近] 京都（徒歩13分）

和食

酒盃 いち膳

贅沢なアテと風情ある空間

寛ぎの空間でしっぽり酒を注ぎ合う

築100年の京町家を改装した落ち着いた佇まい。豪華な4種盛りの付き出しや、ダシからこだわった紙鍋や一品料理の数々に、酒がすすむこと間違いなし。1Fはカウンター、2Fには座敷を配した造りなので、おひとり様から複数名の宴会まで幅広く利用できる。

平均予算(1人) **4,500 YEN～**

01.町家ならではの風情ある雰囲気を残した店内。店主との会話も楽しめるカウンターはふらりと立ち寄るのにおすすめ 02.鱧と松茸の紙鍋は、やさしいダシの旨みと素材の味が合わさり、最後の一滴まで飲み干したい

1F ■テーブル ■半個室 ■完全個室 ◎靴の着脱必要 2F

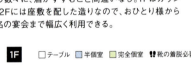

最大宴会人数14名 ／ カウンター 7席 ／ テーブル 4～8名×6卓 ／ 半個室 2～4名×2室 ／ 完全個室 4～14名×2室

酒盃 いち膳
しゅはい いちぜん

📞 075・744・0941

所 京都市下京区木津屋橋通油小路東入ル南町568-6
時 11：30～14：00、17：30～23：00（LO／22：30）
　 金・土曜、祝前日11：30～14：00、17：30～23：30（LO／23：00）
　 日曜・祝日17：30～22：30（LO／22：00）
休 無休　P 無

CARD VISA・MasterCard・ダイナースクラブ・AMEX・JCB
禁煙席無

MAP ▶ P121-05／B3

SHOP DATA
— ショップデータ —

| 京都らしい | 夜遅 | 飲み放題あり |

SITUATION
歓送迎会　同窓会　接待　記念日　おひとり様

ワイワイ ─────▼───── しっとり

コース	2500円(8品) 3000円(9～10品)
飲み放題	2000円(12種、120分)
ビール	1杯 450円(アサヒ)
貸切	不可
サプライズ	不可

[J] 京都（徒歩9分） [地] 京都（徒歩9分） [近] 京都（徒歩12分）

寿司・和食

和・にち

秘密にしたい寿司酒場

父娘の笑顔にホッとする和みの場

親子で営むアットホームな空気感の隠れ家。料理はこの道50年以上の父による、シャリを隠すほど大きなネタが自慢の寿司と、外はカラッ、中はフワッと揚げられた天ぷらが中心の和食。さらに娘の朗らかな笑顔につられ、ついつい酒に手が伸びてしまうのはご愛嬌。

平均予算(1人) **3,000 YEN～**

01.一度訪れたらまた行きたくなる、居心地の良さが魅力。店主曰く、女性のおひとり様も多いのだとか 02.穴子1本450円や海老210円など、150円～の寿司をアラカルトで注文できるのも嬉しいポイント

1F ■テーブル ■掘り炬燵 ■半個室 ◎靴の着脱必要 2F

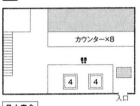
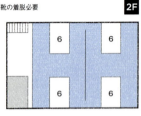

最大宴会人数24名 ／ カウンター 8席 ／ テーブル 4名×6卓 ／ 半個室 6～12名×1室 ／ 完全個室 無

和・にち
わ・にち

📞 075・200・6312

所 京都市下京区東塩小路町600-2
時 11：30～14：00、17：00～22：00（LO／21：00）
休 日曜、祝日不定休　P 無

CARD VISA・MasterCard・AMEX
全席禁煙

MAP ▶ P121-05／B3

SHOP DATA
— ショップデータ —

| 飲み放題あり |

SITUATION
打ち上げ　接待　商談　女子会

ワイワイ ─────▼───── しっとり

コース	3000円(7品)、4000円(8品) 5000円(8品)
飲み放題	2000円(約15種、120分)
ビール	1杯 550円(キリン)、瓶1本 550円(キリン)
貸切	可(～24名)　※3日前までに要予約
サプライズ	可 ※要問い合わせ

[J]京都(徒歩5分) [地]京都(徒歩5分) [近]京都(徒歩8分)

居酒屋

美酒佳肴 なごみ

小技が効いたアテ多し

和洋折衷の馴染み深い味

あらゆる料理を和風に変える個性的な酒肴がズラリ

和風のマカロニグラタンやほんのり玉ねぎ色のたまこし麺、鰹ダシ香る麻婆豆腐など、調理長の考案した個性派メニューが揃う居酒屋。2Fに広がる空間は、ゆったり語らいたい大人のための隠れ家のよう。最大12名の半個室で時間を忘れて宴会を。

01.和情緒感じる店内は、半個室がずらり。周りを気にしないで楽しめる 02.淡路の玉ねぎを練りこんだコシのある素麺であるたまこし麺。あっさり風味のつゆに、おろし生姜とねぎで召し上がれ 03.貝柱をたっぷり入れた和風グラタン。ホワイトソースと西京味噌で作ったコクのある味わいに舌鼓

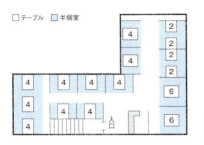

平均予算(1人)
3,500 YEN〜

最大宴会人数24名　カウンター 無 ／ テーブル 2〜6名×16卓 ／ 半個室 2〜6名×12室 ／ 完全個室 無

SHOP DATA — ショップデータ —

| 京都らしい | 駅近 | 飲み放題あり |

SITUATION
打ち上げ　歓送迎会　接待　合コン　女子会

ワイワイ ──────▼────── しっとり

コース	4000円(5〜8品) 5000円(5〜8品) 6000円(5〜8品) ※飲み放題込
飲み放題	飲み放題付のコース有
ビール	1杯 480円(アサヒ)
貸切	可(40〜65名) ※3日前までに要予約
サプライズ	不可

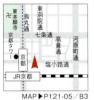

美酒佳肴 なごみ
びしゅかこう なごみ

☎ 075・353・5778

㊙ 京都市下京区東塩小路町736 2F
⏰ 17:00〜23:00 (LO/22:00)、金・土曜、祝前〜23:30
休 月曜(祝日の場合は営業、翌日休) P 無

CARD VISA・MasterCard・ダイナースクラブ・AMEX・JCB

禁煙席無

MAP ▶ P121-05／B3

[J]京都(徒歩10分) [地]京都(徒歩10分) [近]京都(徒歩13分)

居酒屋

おでん・おばんざい 村川

地下に隠れた和み空間

企業戦士をほっと癒してくれる地下のオアシス

常連に愛され20年以上。最近ではカウンターに並ぶスーツ姿の黒帯たちに紛れ、女性客の姿もちらほら。老若男女を惹きつける所以は、厚揚げ、大根、ロールキャベツなど豊富なおでん。創業当時から継ぎ足されてきた昆布と鰹のダシと日本酒の"和リアージュ"に笑顔もほころぶ。

01.尻に根が生えるほど居心地よいコの字カウンター。隣の客との出会いと、酌み交わす酒もまた楽しみのひとつ 02.奈良の[風の森]や亀山の[羽根屋]、福島の[寫楽]など、全国から選び抜かれた銘柄が揃い踏み

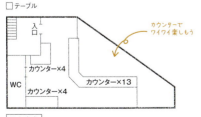

カウンターでワイワイ楽しもう

平均予算(1人)
3,000 YEN〜

最大宴会人数21名　カウンター 21席 ／ テーブル 無 ／ 半個室 無 ／ 完全個室 無

SHOP DATA — ショップデータ —

| 京都らしい | 夜遅 |

SITUATION
接待　デート　女子会　おひとり様

ワイワイ ─────▼──────── しっとり

コース	無 ※貸し切りの場合は応相談
飲み放題	無
ビール	1杯 500円(アサヒ、キリン)
貸切	可(20〜21名) ※2週間前までに要予約
サプライズ	不可

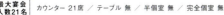

おでん・おばんざい 村川
おでん・おばんざい むらかわ

☎ 075・352・7559

㊙ 京都市下京区堀川通塩小路東北角北不動堂町477 大島ビルB1
⏰ 17:30〜翌1:00 (LO/24:00)
土・日曜、祝日〜24:00 (LO/23:00)
休 不定休 P 無

CARD VISA・MasterCard・DC・ダイナースクラブ・AMEX・JCB

禁煙席無

MAP ▶ P121-05／B3

[J]京都（徒歩8分） [地]京都（徒歩8分） [近]京都（徒歩11分）

旬食材を使った
一品料理に舌鼓

居酒屋

伊酒場 伊晃庵

和×伊の融合！

ゆったり寛げる座敷でイタリアンを堪能

京野菜やブランド豚を使用したパーティコースに、アラカルト、ワインも充実した創作料理店。2Fには堀り炬燵式の大広間もあり落ち着いて食事できる。いつもとはちょっと趣向を変えて、和空間でのイタリアンを楽しんでみてはいかが。

The average budget
平均予算（1人）
3,500 YEN〜

01. 落ち着きのある空間は、長時間の宴会でも疲れを感じない。貸し切り利用で32名までOKな大会場 02. パスタをはじめとした、選りすぐりのグルメが味わえるパーティプランがおすすめ

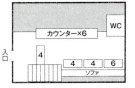
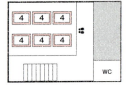

最大宴会人数32名　カウンター 6席 ／ テーブル 2〜4名×10卓 ／ 半個室 無 ／ 完全個室 無

伊酒場 伊晃庵
いさかば いこうあん

📍京都市下京区塩小路通堀川東入ル北不動堂町566
京都観光協会ビル1・2F

🕐11:30〜14:00、17:30〜23:30（LO／23:00）
日曜・祝日〜23:00

休 無休　P 無

MAP▶P121-05／B3

📞 075・344・9077

💳 VISA・MasterCard・
ダイナースクラブ・AMEX・JCB

🚭 禁煙席有

SHOP DATA
ショップデータ

| 京都らしい | 夜遅 | 飲み放題あり |

SITUATION
打ち上げ　歓送迎会　接待　合コン　女子会

ワイワイ ▼ しっとり

コース	2000円（6品）、2500円（7品）、3000円（7品）
飲み放題	1500円（24種、90分）、2000円（24種、120分）
ビール	1杯 550円（アサヒ）、瓶1本 700円（アサヒ）
貸切	可（20〜32名）※1週間前までに要予約
サプライズ	不可

[J]京都（徒歩5分） [地]京都（徒歩5分） [近]京都（徒歩8分）

沖縄居酒屋

アダン京都駅店

沖縄気分で陽気に飲みたい夜に

ここなら宴会もなんくるないさー

ウチナーのノリ全開な沖縄居酒屋。あぐー豚をはじめ、海ぶどうやもずくなど現地直送の食材を用いて、定番モノから変わり種まで幅広くオンメニュー。なかでも名物は、10年変わらぬ秘伝のつゆダシで食べるしゃぶしゃぶ。「幹事やるね」と言わせるために、外せない一軒。

01. あぐー豚コース3800円からしゃぶしゃぶ鍋。肉はコラーゲンたっぷりなのでお肌プルプルになれるかも 02. 昔ながらの沖縄料理や季節素材の創作料理など一品料理も豊富で、色んな種類が食べたい欲張り女子に！

旅行気分も味わえる沖縄ムード満点の店内

The average budget
平均予算（1人）
3,200 YEN〜

最大宴会人数8名　カウンター 8席 ／ テーブル 4〜6名×3卓 ／ 半個室 無 ／ 完全個室 6〜8名×1室

アダン京都駅店
アダンきょうとえきてん

📍京都市下京区東塩小路町578-2 あすなろビル2F

🕐17:30〜24:00（LO／23:00）

休 無休　P 無

MAP▶P121-05／B3

📞 075・353・6765

💳 VISA・MasterCard・DC・
ダイナースクラブ・AMEX・JCB

🚭 禁煙席無

SHOP DATA
ショップデータ

| 夜遅 | 駅近 | 飲み放題あり |

SITUATION
歓送迎会　接待　デート　合コン　女子会

ワイワイ ▼ しっとり

コース	3250円（8品）〜
飲み放題	1860円（50種、120分）
ビール	1杯 570円（アサヒ）
貸切	可（20〜24名）※1週間前までに要予約
サプライズ	可 ※3日前までに要予約

🚃 Ｊ京都（徒歩10分）　地京都（徒歩10分）　近京都（徒歩13分）

居酒屋

酒菜 乗々

アツアツ石鍋は必食

趣向を凝らした美食が深夜まで楽しめる

新鮮な魚介や北丹波産の高坂地鶏など、吟味された素材から作られた創作料理がおすすめ。看板メニューの石鍋から立ち込める美味なる香りが食欲をかきたて、箸が止まらない。地下空間にある静かで落ち着いた雰囲気の店内で、夜遅までお酒を嗜むことのできる店だ。

色鮮やかな料理に期待が高まる

01.木目調の店内は、温かみを感じる雰囲気。掘り炬燵席は、36名まで利用できるので大宴会もOK　02.大皿料理が12品も付いた大皿コース5500円は、季節の魚介や野菜をふんだんに使ったメニューが魅力

□テーブル　■掘り炬燵　■半個室

最大宴会人数80名　カウンター 6席／テーブル 4～6名×12卓／半個室 4～20名×1室／完全個室 無

平均予算（1人）
4,000 YEN～

酒菜 乗乗
しゅさい じょうじょう

㊟京都市下京区西洞院通七条下ル東塩小路町607-10
サンプレ京都ビルB1F
⏰11:30～14:00、17:30～翌2:00（LO/翌1:30）
㊡不定休　Ｐ無

MAP▶P121-05／B3

📞075・371・2010

CARD　VISA・MasterCard・DC・AMEX・JCBなど
🚭禁煙席無

SHOP DATA
— ショップデータ —

夜遅	飲み放題あり

SITUATION
歓送迎会　同窓会　合コン　おひとり様　2軒目

ワイワイ ────▼──── しっとり

コース	3500円（9品）、4500円（12品）5500円（11品）
飲み放題	2200円（40種、120分）
ビール	1杯 600円（サッポロ）
貸切	可（50～80名）※1週間前までに要予約
サプライズ	不可

🚃 Ｊ京都（徒歩3分）　地京都（徒歩3分）　近京都（徒歩6分）

居酒屋

じじばば第三酒場

スパイシーなアテで一杯

居酒屋定番のアテを中華風にアレンジ

リド飲食街にある[じじばば]の3号店。中華出身の料理長・西川圭一さんが作る、オイスターソースや朝天唐辛子が利いたカレーなど、趣向を凝らした一品が楽しめる。日本酒や樽生スパークリングなど、お酒も豊富なので、ちょい呑みにぴったり。

スパイスの利いた麻婆豆腐が人気

01.東本願寺のすぐ南に位置する店。混み始めると店内では、立って飲みはじめる人も現れるほどの人気ぶり　02.数種類のスパイスの風味がひき肉の甘みを引き立てる麻婆豆腐。ピリッとした辛さに酒が進む　03.すじカリーのアベックは、定番の味噌ではなく、塩気の強い「もつ塩」と新鮮なホルモンを使用

□テーブル

最大宴会人数15名　カウンター 7席／テーブル 2～4名×2卓／半個室 無／完全個室 無

平均予算（1人）
3,000 YEN～

じじばば第三酒場
じじばばだいさんさかば

㊟京都市下京区新町138
⏰17:00～24:00
㊡日曜、祝日　Ｐ無

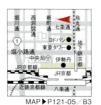
MAP▶P121-05／B3

📞090・3651・9776

CARD　不可
🚭禁煙席無

SHOP DATA
— ショップデータ —

夜遅	駅近

SITUATION
打ち上げ　歓送迎会　接待　待ち合わせ　おひとり様

ワイワイ ──▼────── しっとり

コース	3500円　※予算に応じて変更可
飲み放題	無
ビール	1杯 600円（サッポロ）
貸切	可（13～15名）※1週間前までに要予約
サプライズ	可　※1週間前までに要予約

J 京都（徒歩6分） 地 京都（徒歩6分） 近 京都（徒歩9分）　　　　　　　　　　　　　　　　　　焼肉

01.すべての宴会コースで、本日の塩焼きとタレ焼きの両方が楽しめるとあって、コースでの予約がベター（6名〜、前日までに要予約）　02.トロトロ食感になるまで6時間かけて煮込んだホルモン煮込み　03.分厚い霜降りをさっと炙った看板メニューの牛トロあぶり握りは、7000円のコースでも味わえる　04.京の玄関口にあり、仕事帰りの一杯や家族との外食など、どんなニーズにもぴったりとハマる

美しいサシが入った質のいい和牛を使用

京の焼肉処 弘 京都駅前店

メニューの豊富さも見逃せない！

精肉店直営ゆえ、上質な肉をお値打ち価格で

和牛一頭買いの精肉店直営だからできる良心的な価格で、上質な焼き肉が味わえる人気店。全200席の大型店は、最大60名まで収容可能な座敷で、大宴会にもってこい。その日一番の和牛を使った焼き肉やホルモン煮込みなどの一品料理、飲み放題がセットになった5000円のコースは、肉好きも大満足の圧倒的なボリュームだ。

The average budget
平均予算（1人）
5,000 YEN〜

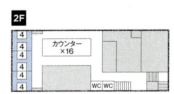
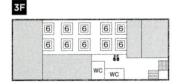

最大宴会人数60名　カウンター 16席／テーブル 2〜6名×34卓／半個室 4〜6名×4室／完全個室 無

どんなシーンにも対応できる席数

── SHOP DATA ──
ショップデータ

夜遅　／　飲み放題あり

── SITUATION ──
打ち上げ　歓送迎会　同窓会　接待　女子会

ワイワイ　────▼────　しっとり

コース	5000円(9品)、6000円(10品) 7000円(11品) ※飲み放題込
飲み放題	飲み放題付のコース有
ビール	1杯 580円(アサヒ)／瓶1本 600円(アサヒ)
貸切	不可
サプライズ	不可

── MENU TOP3 ──

① 和牛ユッケ ……………………… 980円
② 肉寿司三種盛 …………………… 980円
③ 今宵の盛り合わせ …………… 5,980円

京の焼肉処 弘 京都駅前店
きょうのやきにくどころ ひろ きょうとえきまえてん

📞 075・343・4129

🏠 京都市下京区東洞院通七条下ル塩小路町510-1
🕐 17:00〜24:00 (LO／23:00)
休 無休　P 無

VISA・MasterCard・DC・ダイナースクラブ・AMEX・JCBなど
禁煙席有

MAP ▶ P121-05／B3

J 京都（徒歩7分） 地 京都（徒歩7分） 近 京都（徒歩10分）

肉バル

肉バル銀次郎 京都駅前西店

 肉好きの聖地

美味なる黒毛和牛をとことん味わえる本格派肉バル

黒毛和牛を一頭買いで仕入れているため、希少な部位まで味わえる本格派肉バル。カジュアル価格の和牛ステーキに加えて、アヒージョ734円などサイドメニューも豊富に揃う。グラスワイン・ハイボール313円とドリンク類も高コスパとあって連日賑わうのも納得。

The average budget (1人) 平均予算 **3,000 YEN～**

01.オープンキッチンから活気が伝わる1F。少人数から大人数まで幅広く使える 02.野菜をふんだんに用いた前菜盛り合せ10種1706円、赤身の旨さが堪能できる近江牛ウチヒラステーキ1706円 03.静かでゆったりした2Fは貸し切り宴会（～30名）にぴったり。居心地よすぎてついつい長居しそう

1F □テーブル

2F
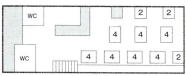

最大宴会人数36名　カウンター 11席 ／ テーブル 2～4名×18卓 ／ 半個室 無 ／ 完全個室 無

SHOP DATA
ショップデータ

| 夜遅 | 飲み放題あり |

SITUATION
歓送迎会　記念日　デート　合コン　女子会

ワイワイ ───▼─── しっとり

コース	5000円(15品) ※飲み放題込
飲み放題	飲み放題付のコース有
ビール	1杯 390円～（キリン）
貸切	可(20～30名) ※18時までに要予約、2Fのみ可
サプライズ	可 ※持ち込みのみ

肉バル銀次郎 京都駅前西店
にくバルぎんじろう きょうとえきまえにしてん

📞 075・354・0170

所 京都市下京区七条通新町東入ル西境町155
時 17:00～24:00（LO／23:30）
休 無休　P 無
MAP▶P121-05／B3

CARD VISA・MasterCard・DC・ダイナースクラブ・AMEX・JCB
🚭 全席禁煙

 J 京都（徒歩7分） 地 京都（徒歩7分） 近 京都（徒歩10分）

焼肉

熟成焼肉 听 京都駅前店

 熟成ビーフにうっとり

1/2ポンド(225g)の圧倒的なボリューム感！

熟成肉で贅沢な焼き肉三昧

"熟成肉"と言えば、こちらは外せない。鹿児島県の平松牧場で**熟成牛のために飼育された一頭を、ドライエイジング**。水分を飛ばすことで旨みが凝縮した肉は、芳醇な香りもまた見事。焼き肉はもちろん、ポンド単位で注文できるステーキで満腹に！

The average budget (1人) 平均予算 **5,000 YEN～**

01.2Fにある掘り炬燵の座敷は、足を伸ばしてゆっくり寛げる。駅近なので、帰りの心配いらず 02.温度、湿度、風力を徹底管理して、45日間熟成させた熟成肉のサーロインステーキはマストオーダー

1F □テーブル ■掘り炬燵 ■半個室 ■完全個室 ●靴の着脱必要
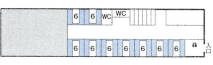

2F
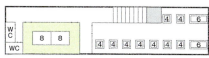

最大宴会人数55名　カウンター 無 ／ テーブル 4～6名×22卓 ／ 半個室 4～6名×9室 ／ 完全個室 6～16名×1室

SHOP DATA
ショップデータ

| 夜遅 | 飲み放題あり |

SITUATION
打ち上げ　歓送迎会　接待　記念日　デート

ワイワイ ───▼─── しっとり

コース	3500円(13品)、5000円(13品) 7500円(14品)
飲み放題	1500円(21種、90分)
ビール	1杯 500円（サントリー）
貸切	可(45～55名) ※3日前までに要予約
サプライズ	可 ※3日前までに要予約

熟成焼肉 听 京都駅前店
じゅくせいやきにく ぽんど きょうとえきまえてん

📞 075・708・8929

所 京都市下京区七条通烏丸東入ル東境町185-1
時 11:30～14:30（LO／14:00）
　　17:00～24:00（LO／23:30）
休 無休　P 無
MAP▶P121-05／B3

CARD VISA・MasterCard・ダイナースクラブ・AMEX・JCBなど
🚭 禁煙席無

焼鳥・串焼

京都 炭火串焼つじや 京都駅前店

鶏好きが集う夜に

炭の香りが食欲をそそる地鶏のすき焼き鍋

炭火串焼きの人気店。みんなで囲むのなら、京都の地鶏や九条ねぎなどの京野菜をはじめ、豆腐や焼き麸にまでこだわったすき焼きがおすすめ。備長炭で炙った鶏もも肉は皮はカリッと、身はジューシー。甘辛い自家製の割り下と丹波産の赤卵とが相まって、クセになりそう。

平均予算(1人) 4,000 YEN〜

01.2Fはカウンター、3Fは2名〜50名までの宴会ができるスペースを完備。個室は人気ゆえ、早めの予約が正解　02.オープン当時から変わらぬ味を守る、不動の人気No.1メニュー、つじや特製つくね259円　03.厳選した食材の旨みを引き立てる秘伝の割り下が決め手のすき焼き鍋3456円。ヘルシーな鶏肉が使われているのも嬉しいポイント

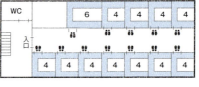

最大宴会人数50名／カウンター 14席／テーブル 2〜4名×18卓／半個室 2〜40名×12室／完全個室 2〜8名×2室

SHOP DATA — ショップデータ

京都らしい　子供連れ歓迎　夜遅　飲み放題あり

SITUATION
打ち上げ　歓送迎会　同窓会　合コン　女子会

ワイワイ ▼ しっとり

コース	2500円（6品）※飲み放題込 3500円（8品）※飲み放題別
飲み放題	1500円（40種、90分） 2000円（40種、120分） 飲み放題付のコース有
ビール	1杯 550円（サントリー）
貸切	可（35〜50名）※2日前までに要予約
サプライズ	可 ※2日前までに要予約

京都 炭火串焼つじや 京都駅前店
きょうと すみびくしやきつじや きょうとえきまえてん

☎ 075・365・8160

㊟ 京都市下京区塩小路通西洞院西入ル北不動堂町570-3 2・3F
営 17:00〜24:00（LO/23:00）
休 不定休　P 無
CARD VISA・MasterCard・AMEX
禁煙席無

MAP ▶ P121-05／B3

韓国料理

韓Dining 味仙

日本人好みの韓国料理

タッカンマリは前日までに予約を！

厳選した国産素材を活かすオモニの味

韓国の家庭料理が気軽に楽しめるこちら。丹波産地鶏が一羽まるごと入った人気鍋のタッカンマリをはじめ、ナムルやチヂミも味わえるサムギョプサルのセットメニューも充実。辛いのが苦手という人も安心して食べられるよう、辛さを抑えたやさしい味付けも嬉しい。

01.韓国の調度品などが飾られた落ち着いた雰囲気の店内　02.国産ひね鶏をじっくり煮込んだスープには、旨みがたっぷりで雑炊も絶品。鶏は甘辛く仕上げた秘伝のタレで味わって。タッカンマリ2〜3人前3580円（要予約）

最大宴会人数30名／カウンター 8席／テーブル 4〜8名×8卓／半個室 無／完全個室 8名×2室

平均予算(1人) 3,000 YEN〜

SHOP DATA — ショップデータ

飲み放題あり

SITUATION
接待　商談　記念日　デート　女子会

ワイワイ ▼ しっとり

コース	2500円（5品）、3500円（11品） 5000円（13品）
飲み放題	1500円（15種、90分） ※コース注文時のみオーダー可
ビール	1杯 500円（アサヒ）、瓶1本 500円（アサヒ）
貸切	可（30〜50名）
サプライズ	不可

韓Dining 味仙
かんダイニング みそん

☎ 075・661・6233

㊟ 京都市南区東九条西岩本町40-9
営 11:30〜14:00（LO/13:30）
　 17:30〜22:30（LO/22:00）
休 火曜　P 有（契約駐車場、2時間無料）
CARD VISA・MasterCard・AMEX・JCB
禁煙席無

MAP ▶ P120-05／C3

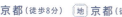
近 京都(徒歩5分) J 京都(徒歩8分) 地 京都(徒歩8分)

韓国料理

元祖ちぢみの王様

韓国気分へ誘う本格派

週末は満員必至なので予約がベター！

カリッ、もちっと食感が自慢のちぢみを求めて

オーナーの故郷である済州島の風景写真が店内を囲む韓国家庭料理店。看板メニューのちぢみは、表面はカリッと、噛むと中はもちっとしたオリジナル生地。海鮮や豚肉、野菜など具だくさんの「王様」が一番人気。ビール片手にオモニの味を満喫しよう。

01.済州島の美しい風景写真が壁一面に飾られている座敷で、韓国の家庭料理を味わって 02.さまざまな具材が入ったちぢみの王様には、トック（韓国もち）も入っていて、もっちり食感を楽しめる

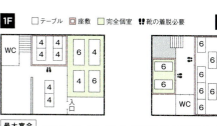

最大宴会人数45名　カウンター 無 ／ テーブル 4〜8名×21卓 ／ 半個室 無 ／ 完全個室 6〜12名×2室

The average budget 平均予算(1人) **2,500 YEN〜**

SHOP DATA
ショップデータ

子供連れ歓迎　夜遅　駅近　飲み放題あり

SITUATION
打ち上げ　歓送迎会　同窓会　女子会　男子会

ワイワイ ▼ しっとり

コース	3240円(10品)、3780円(10品) 4212円(13品)など ※飲み放題込
飲み放題	飲み放題付のコース有
ビール	1杯 421円(サントリー)、瓶1本 486円(サントリー)
貸切	可(30〜40名) ※10日前までに要予約
サプライズ	不可

元祖ちぢみの王様
がんそちぢみのおうさま
所 京都市南区東九条中殿田町11-3
時 17:00〜23:00
休 日曜、祝日　P 無
MAP▶P121-05／B3
☎075・672・6888
CARD 不可
禁煙席無

近 京都(徒歩7分) J 京都(徒歩10分) 地 京都(徒歩10分)

お好み焼

お好み焼 あらた

地元住民の憩いの場

親しみやすいやさしい甘さに魅了される

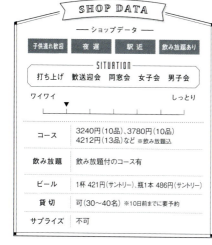

甘辛タレが絡む特製"あらた焼き"に舌鼓

どこか懐かしい雰囲気を感じさせるレトロな店内。そこで味わえるのが、べた焼きに自家製タレで甘辛く炒めた牛のあご肉をたっぷりと盛った、あらた焼き。タレのやさしい甘みが口に広がる濃厚な味わい。鉄板を囲んで、気が置けない仲間と宴会を。

01.ゆったり寛げる畳の座敷。木目の壁に貼られたメニュー表や使い込まれた鉄板が、どこか懐かしい気持ちにさせる 02.あらた焼きは、キャベツやモヤシ、イカなど素朴な具材と特製アギが程良くマッチ

 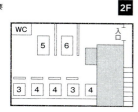

最大宴会人数15名　カウンター 5席 ／ テーブル 3〜6名×11卓 ／ 半個室 無 ／ 完全個室 無

The average budget 平均予算(1人) **2,500 YEN〜**

SHOP DATA
ショップデータ

子供連れ歓迎

SITUATION
打ち上げ　歓送迎会　男子会

ワイワイ ▼ しっとり

コース	無
飲み放題	無
ビール	1杯 490円(キリン)、瓶1本 590円(キリン)
貸切	不可
サプライズ	不可

お好み焼 あらた
おこのみやき あらた
所 京都市南区西九条院町24-4
時 17:00〜23:00(LO／22:15)
休 日曜　P 無
MAP▶P121-05／B3
☎075・661・5444
CARD 不可
禁煙席無

ちょっと足を伸ばしてでも行きたい！

京都駅から1駅向こうのお店

京の玄関口である京都駅から、たった1駅離れるだけで出合える名店。移動中に膨らむ美食への期待を、裏切らない味をご堪能あれ。

西洋酒樓 六堀
せいようしゅろう ろくぼり

4番出口から徒歩13分

実力派の洋食×ワインをカジュアルに

「気軽に洋食とワインを」をテーマに［レストランむとう］がリニューアル。人気のハンバーグやオムライスはそのままに、旬の京食材を使ったアラカルトを提供。厳選されたボトルワインと一緒に楽しんで。

☎075・354・8117
京都市下京区堀川通六条下ル元日町5
喫茶11：30〜22：30（LO／20：30）
ランチ11：30〜15：30（LO／14：30）
ディナー18：00〜22：30（LO／20：30）
水曜、第2・4木曜休　全席禁煙　完全個室有　P9台

MAP▶P121-05／B2

京都市営地下鉄烏丸線
五条
→京都駅から約2分

むろまち加地
むろまち かじ

2番出口から徒歩6分

家族でワイワイ楽しめる本格割烹

祇園の料亭や割烹で腕を磨いた加地さんが営むこちらは、"小さなお子さん連れでも、家族で楽しめる割烹"がコンセプト。自家製豆腐の味噌漬けや蒸アワビ汁の和風グラタン、黒イサキの塩焼きなど、妥協なき一品を楽しんで。

☎075・353・1113
京都市下京区松原通新町東入ル中野之町185 1F
18：00〜24：00（LO／23：00）
木曜休　禁煙席無　完全個室無　P無

MAP▶P121-05／B2

JR山陰本線
丹波口
→京都駅から約3分

京都駅 KYOTO

JR東海道本線
山科
→京都駅から約5分

NICK STOCK
ニックストック

改札口から徒歩4分

凝縮された肉の旨みをカフェで体感

西海岸をイメージした肉カフェ。朝は全品ドリンク付き380円〜で楽しめ、昼は1000円でステーキランチが食べられると話題。旨みが溢れるサーロインステーキや熟成肉ハンバーグなど、ジューシーな一皿に食らいつこう。

☎075・316・1674
京都市下京区中堂寺栗田町90
京都リサーチパーク8号館1F
モーニング9：00〜11：00、ランチ11：00〜14：00
ディナー14：00〜23：00（LO／22：30）
不定休　禁煙席有　完全個室無　P無

MAP▶P121-05／A2

カジュアルレストランバー Fraichement...
カジュアルレストランバー フェッシモン

改札口より徒歩10分

経験豊富なシェフの技が光る創作イタリアン

和・仏・伊料理を経験したシェフが作る料理は、肉や魚のメインにパスタ、デザートと多彩。イタリアンでありながら、醤油やダシを使うなど、馴染みを感じる味わいで、フォアグラが500円〜楽しめるのも魅力。

☎075・606・1114
京都市山科区御陵中内町38-7 フォルム御陵1F
17：00〜23：30（LO／23：00）
不定休　禁煙席有　完全個室有　P無

MAP▶P116-01

NIJO CASTLE / OMIYA / SAIIN

二条城周辺・大宮・西院 エリア

学生が多く住まうこのエリアの、コスパの高さはピカイチ。驚きの安さとボリュームを兼ね揃えながら、味にも一切妥協しない姿勢に根強い地元のファンが多いのも頷ける。お気に入りを見つけて常連客に仲間入りしてみよう！

主な最寄駅
- JR「二条」
- 京都市営地下鉄「二条城前」「二条」
- 阪急電鉄「大宮」「西院」
- 京福電鉄(嵐電)「四条大宮」「西院」

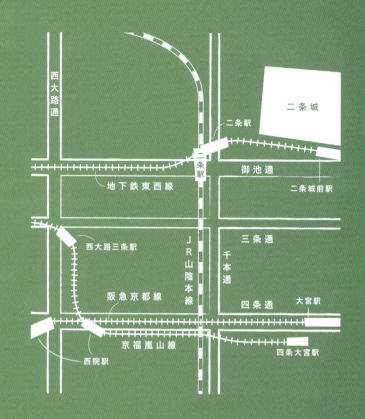

地 二条城前（徒歩8分） 　　　　　　　　　　　　　　　　　　　　中華

魏飯夷堂

異空間で味わう

仲間とともにワイワイ囲むアツアツ中華

三条会商店街の中にある本格派中華店。上海をイメージしたオリエンタルな雰囲気の内装は、宴会の盛り上げにも一役買ってくれる。看板メニューはスープが溢れ出る絶品小籠包。フカヒレ入りや黒トリュフ、ポルチーニ茸入りなど7種の味を楽しんで。

01.エキゾチックな雰囲気が漂う店内　02.元味噌店をリノベーションしたという荘厳な門構えて一緒に食べる小籠包は、高級食材なども使ったバラエティ豊かな全7種。ひと口で味わおう　03.黒酢と刻み生姜を合わせ

6名で同席できるテーブルが嬉しい

最大宴会人数24名　カウンター 5席 ／ テーブル 2〜6名×12卓 ／ 半個室 無 ／ 完全個室 無

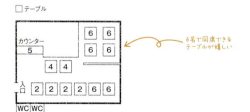

魏飯夷堂
ぎはんえびすどう

所 京都市中京区三条通堀川西入ル橋西町661
時 11:30〜14:00 (LO)、17:30〜21:00 (LO)
休 火曜、他不定休　P 無

☎ 075・841・8071

CARD 不可
全席禁煙

MAP ▶ P121-05／B1

The average budget
平均予算（1人）
3,000 YEN〜

SHOP DATA
ショップデータ

飲み放題あり	

SITUATION
歓送迎会　打ち上げ

ワイワイ ◀───▼───▶ しっとり

コース	3024円(8品)、4104円(9品) 5184円(6品)
飲み放題	1620円(9種、120分)
ビール	1杯 540円(キリン)
貸切	不可
サプライズ	不可

阪 大宮（徒歩6分）　嵐 四条大宮（徒歩7分）

和風居酒屋

01.靴を脱いでゆったり過ごせる掘り炬燵式のカウンターを採用　02.新鮮な造りは特製のゼリー醤油で。口の中で広がる醤油の香りが素材の味を引き立てる　03.大正時代の町家を改装した建物は、ついつい長居したくなるレトロで落ち着いた雰囲気

温かみのある照明で落ちつける空間

吟味屋 菜々色

目と舌で楽しむ本格派

美食を求める大人たちの隠れ処

ゼリー状にした醤油を使うなど工夫を凝らした和食を、上質な町家風の空間で味わえる人気店。京野菜や旬魚などの食材だけでなく、沖縄から買いつけたという器や店内の空間づくりにもこだわりを欠かさない。希少な地酒や地焼酎も多く、舌の肥えた大人も楽しめるこちらは、商談や接待などの大切な場面にもおすすめ。

The average budget
平均予算（1人）
4,000 YEN〜

25名までの宴会時はテーブルの並びを1列に

最大宴会人数25名
カウンター14席／テーブル4〜8名×4卓／
半個室2〜25名×1室／完全個室 無

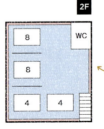

吟味屋 菜々色
ぎんみや なないろ

京都市下京区綾小路通醒ヶ井東入ル北角西半町83
16:30〜23:00 (LO/22:00)
おまかせ献立のみ 13:00〜 ※10名以上、要予約
不定休　P 無
MAP ▶P121-05／B2

📞 075・708・8832

VISA・Master Card・
ダイナースクラブ・AMEX・JCB

禁煙席無

SHOP DATA
ショップデータ

京都らしい　飲み放題あり

SITUATION
歓送迎会　同窓会　接待　合コン　女子会

ワイワイ ――――▼―――― しっとり

コース	2470円(7品)、3470円(8品) 4470円(9品)
飲み放題	1530円(約20種、120分) ※コース注文時のみオーダー可
ビール	1杯 550円〜(キリン)
貸切	可(16〜25名) ※前日までに要予約
サプライズ	不可

MENU TOP3
① 吟味屋おばんざい盛り合わせ　1250円
② 自家製さつま揚げ　600円
③ 塩おむすび　400円

[J] 二条（徒歩8分）　[地] 二条城前（徒歩8分）　　　　　　　　　　　　　ビストロ

Bistro Chez Momo

ファミリーにもおすすめ

アットホームな空間で本格フレンチを堪能

上賀茂産の野菜や丹波牛など、素材を活かした本格フレンチを気負うことなく楽しめるビストロ。子ども用の椅子も用意してくれるほか、==コースやメニューの要望も予算に応じて相談可==と、サービスも充実している。サプライズもOKなので記念日などに重宝しそう。

01.カウンター席は会話を楽しみながらの食事にぴったり　02.低温でじっくり焼き上げる骨付き鴨モモ肉のコンフィは、外がパリッと、中はジューシー。ワインやカクテルなど豊富なアルコールメニューと共に味わいたい

最大宴会人数30名　カウンター 6席 ／ テーブル 2〜4名×7卓 ／ 半個室 無 ／ 完全個室 無

Bistro Chez Momo
ビストロ シェ モモ

🏠 京都市中京区西ノ京池ノ内町30-19
🕐 12：00〜15：00（LO）、18：00〜24：00（LO）
休 水曜　P 無

📞 075・204・5294
CARD VISA・MasterCardなど
🚭 禁煙席無

MAP ▶ P121-05／B1

平均予算（1人）
3,000 YEN〜

SHOP DATA
— ショップデータ —

| 子供連れ歓迎 | 夜遅 | 飲み放題あり |

SITUATION
打ち上げ　歓送迎会　同窓会　記念日　女子会

ワイワイ ───▼─── しっとり

コース	3000円(8品)、5000円(8品)※飲み放題別 4500円(8品)※飲み放題込
飲み放題	1000円(40種、90分)、1500円(40種、120分) 飲み放題付のコース有
ビール	1杯 600円〜（サッポロ）
貸切	可（10〜30名）※2日前までに要予約
サプライズ	可 ※前日までに要予約

[地] 二条城前（徒歩5分）　　　　　　　　　　　　　穴子専門店

穴子家 NORESORE

淡路島の穴子三昧

淡路島の穴子の魅力を再発見

淡路島産の穴子料理専門店。関西では珍しい伝助穴子を白焼きやお造り、天ぷらなどさまざまなスタイルで味わえる。おすすめは穴子を心ゆくまで楽しめる5400円のコース。==町家を改装した落ち着いた空間==で、穴子と日本酒を存分に堪能したい。

01.格子からこぼれる明かりに惹きつけられる、趣のある町家で食べる穴子料理は絶品　02.穴子の白焼きは、炭火で香ばしく焼き上げる。パリッと仕上げた皮とふっくらとした身が日本酒と好相性

最大宴会人数24名　カウンター 無 ／ テーブル 2〜4名×13卓 ／ 半個室 無 ／ 完全個室 無

穴子家 NORESORE
あなごや ノレソレ

🏠 京都市中京区油小路通二条下ル二条油小路町276
🕐 11：30〜14：00（LO／13：30）※要予約
　　17：00〜22：30（LO／21：30）
休 月曜（祝日の場合は営業、翌日休）　P 無

📞 075・708・6183
CARD VISA・MasterCard・DC・ダイナースクラブ・AMEX・JCB
🚭 時間により禁煙（11：30〜14：00）

MAP ▶ P117-03

平均予算（1人）
4,000 YEN〜

SHOP DATA
— ショップデータ —

| 京都らしい | 子供連れ歓迎 | 駅近 |

SITUATION
接待　商談　記念日　デート　女子会

ワイワイ ──────▼ しっとり

コース	5400円(8品) 7560円(9品)
飲み放題	無
ビール	1杯 648円（サントリー）、瓶1本 648円（サントリー）
貸切	不可
サプライズ	不可

地 丸太町(徒歩9分)※烏丸線　地 二条城前(徒歩10分)※東西線

創作和食

あんぐり
Kyoto Style Kitchen

 京の旬味を堪能

01.庭のライトアップが幻想的な雰囲気　02.生麩の盛り合わせはよもぎや黒ゴマなどを練り込んだ4種類。京都の食材を使用した料理だけでなく、店主自らこだわって集めた器にも注目したい

温もりのある空間で創作和食を

梁を活かした吹き抜けが開放的な店内は、大正の織屋を改装したもの。市場から仕入れる鮮魚や京地鶏、京湯葉、京野菜などの旬の素材を使用した創作料理やおばんざいを和モダン空間で堪能できる。梅酒やノンアルコールカクテルなど、ドリンクの種類も豊富。

The average budget (1人) 平均予算 **3,000 YEN〜**

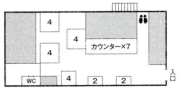

最大宴会人数20名　カウンター 7席／テーブル 2〜8名×10卓／半個室 6〜8名×1室／完全個室 無

MAP▶P117-03

あんぐり Kyoto Style Kitchen
あんぐり キョウト スタイル キッチン
京都市中京区丸太町通堀川東入ル丸太町33
18:00〜23:30 (LO/23:00)
日曜(翌日が祝日の場合は営業)　P 無

📞 075・211・0318
CARD 不可
禁煙席無

SHOP DATA ショップデータ

| 眺めがいい | 京都らしい | 夜遅 |

SITUATION
打ち上げ　歓送迎会　接待　デート　女子会
ワイワイ ▼ しっとり

コース	3780円(7品)
飲み放題	無
ビール	1杯 540円(キリン)、瓶1本 680円(アサヒ)
貸切	可 (10〜20名) ※4日前までに要予約 2F個室のみ
サプライズ	不可

 J 二条(徒歩7分)　地 二条(徒歩7分)　阪 大宮(徒歩10分)　嵐 四条大宮(徒歩10分)

和食

柾木

 路地奥の創作和食

01.席は全9席のカウンターのみと、無駄のない美しい店内。柾木さんが腕を振るう姿に心躍らせつつ、食材や調理法へのこだわりを聞くのも楽しみのひとつ　02.摺り流しのかぶの中に、鱗をたてた甘鯛と千枚かぶを浮かべた一品

旬の食材と丁寧な技で魅せるおもてなし

[和久傳]や[ザ・リッツ・カールトン京都]など、名店での経験を経て、店主の柾木さんが2016年オープン。9〜10品で構成されるコースは、仕入れによって柔軟に献立を組み立てるなど、常に美食を追求する。とはいえ堅苦しさはないので、気軽に訪れてみて。

The average budget (1人) 平均予算 **12,000 YEN〜**

最大宴会人数9名　カウンター 9席／テーブル 無／半個室 無／完全個室 無

MAP▶P121-05／A1

柾木
まさき
京都市中京区壬生馬場町15-20
18:00〜22:00 (入店/20:00)
不定休　P 無

📞 075・777・4556
CARD VISA・MasterCard・AMEX
全席禁煙

SHOP DATA ショップデータ

| 京都らしい |

SITUATION
接待　記念日　デート　女子会　おひとり様
ワイワイ ▼ しっとり

コース	1万800円(9〜10品) 京都らしく食後はお薄で締める
飲み放題	無
ビール	1杯 756円〜(アサヒ、キリン、サントリー)
貸切	可(6〜9名) ※前日までに要予約
サプライズ	可 ※前日までに要予約

[J]二条(徒歩9分) [地]二条(徒歩9分)　　　　　　　　　　　　　　　　　　　フレンチ

01.住宅街を進むと現れる一軒家のレストランは、靴を脱いで入店　02.庭園に臨むガラス張りの個室は人気なので予約がベター。周りを気にせずプライベートな時間を楽しめる　03.月ごとに内容が変わるフルコースは、盛り付けの美しさも魅力の一つ。京都中心の素材を活かした料理を堪能できる　04.シェフ自慢のフォアグラ料理はぜひとも味わいたい一品

口の中でとろける絶品フォアグラ

Animo

特別な日に訪れたい

個室とフルコースで贅沢な時間を

和室にテーブルという、和洋折衷な空間で味わえるのは、イタリアン＆フレンチのフルコース。畳敷きと床板張りの個室があり、各個室のテーブル数は、人数によって調整が可能。個室間にある襖を取り外せば、20名まで利用可能な大広間として利用できる。

The average budget
平均予算（1人）
6,500 YEN〜

庭園の風景を楽しめる席が人気！

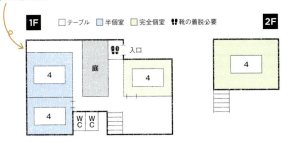

最大宴会人数20名　カウンター 無 ／ テーブル 2〜4名×4卓 ／ 半個室 2〜4名×2室 ／ 完全個室 2〜4名×2室

MAP ▶ P121-05／A1

Animo
アニモ

[所] 京都市中京区西ノ京銅駝町67
[営] 11：30〜13：30 (LO)、17：30〜20：00 (LO)
[休] 水曜、第1・3火曜　[P] 無

[TEL] 075・432・8387
[CARD] VISA・MasterCard・ダイナースクラブ・AMEX・JCBなど
禁煙席有

SHOP DATA
ショップデータ

京都らしい

SITUATION
接待　商談　打ち合わせ　記念日　顔合わせ

ワイワイ　　　　　　　　　しっとり

コース	3500円(7品)、5800円(9品) 8800円(10品)
飲み放題	無
ビール	1杯 500円(アサヒ)
貸切	可(10〜20名) ※5日前までに要予約
サプライズ	可 ※5日前までに要予約

🚋 嵐 四条大宮（徒歩4分） 阪 大宮（徒歩5分） イタリアン

オステリア尾崎

リピート必至のイタリアン居酒屋

「気楽にイタリアン」がテーマの居酒屋。おすすめは日本製のマシンで作る自家製パスタ。モチっとした弾力のあるパスタにソースが絶妙に絡み付き、口に入れた瞬間旨みが広がる。ボリューム満点なうえ、パスタは日替わりなので、2回、3回目の宴会でも満足すること間違いなし。

平均予算（1人）
3,500 YEN～

01.調理の音と香りが店全体に広がるオープンキッチン　02.丹波地鶏骨付きもも肉ディアボラソース810円。パリパリに焼かれた皮目の食感とニンニクの香るピリ辛ソースが相性抜群　03.リングイネ ハマグリと季節野菜のオイルソース1058円。自家製のパスタと旬の季節野菜、ハマグリから溢れ出る旨みが絡み合った逸品

最大宴会人数18名／カウンター 7席／テーブル 2～4名×2卓／半個室 無／完全個室 無

オステリア尾崎
オステリアおざき

📞 075・823・2008

所 京都市中京区壬生賀陽御所町64-10
時 18:00～翌2:00（LO／翌1:00）
　 日曜～23:00（LO／22:00）
休 月曜　P 無
MAP ▶P121-05／A1

CARD VISA・MasterCard・DC・ダイナースクラブ・AMEX・JCBなど
🚭 禁煙席無

SHOP DATA
― ショップデータ ―

| 夜遅 | 駅近 |

SITUATION
歓送迎会　デート　女子会　おひとり様　2軒目

ワイワイ ―――――▼――――― しっとり

コース	無
飲み放題	無 ※応相談
ビール	瓶1本 432円（サントリー）
貸切	可（10～18名）※前日までに要予約
サプライズ	可 ※3日目までに要予約

🚋 阪 大宮（徒歩3分） 嵐 四条大宮（徒歩3分） イタリアンバル

Piccolo Giardino

大宮で愛される、カジュアルなイタリアンバル

気軽に立ち寄れる雰囲気ながら、牛モツのトマト煮込みやズワイガニのクリームパスタなど本格的な料理を味わえる。ちょっとつまみたい時は、日替わりのオードブルがおすすめ。ワインは常時約30種類が揃い、料理とのマリアージュを考えながら選ぶのも楽しい。

平均予算（1人）
3,000 YEN～

01.ワイングラスが並ぶ店内はアットホームな雰囲気。目にも鮮やかな料理についついワインがすすみ、いつも以上に会話も弾む　02.カウンター席ではその日のおすすめを直接スタッフに聞きながら選べば間違いなし

土・日・祝は15時から乾杯！

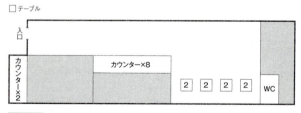

最大宴会人数10名／カウンター 10席／テーブル 2名×4卓／半個室 無／完全個室 無

Piccolo Giardino
ピッコロ ジャルディーノ

📞 075・822・3882

所 京都市中京区四坊大宮町157
時 17:00～24:00（LO／23:00）
　 土・日曜、祝日15:00～
休 水曜　P 無
MAP ▶P121-05／B1

CARD VISA・MasterCard・DC・ダイナースクラブ・AMEX・JCB
🚭 禁煙席無

SHOP DATA
― ショップデータ ―

| 夜遅 | 駅近 |

SITUATION
おひとり様　2軒目

ワイワイ ―――――▼――――― しっとり

コース	無
飲み放題	無
ビール	1杯 520円～（サントリー）
貸切	可（15～30名）※要予約、月～金曜のみ
サプライズ	無 ※応相談

[J]二条(徒歩6分) [地]二条(徒歩6分)

創作鉄板料理

鉄板焼物やちむん

「やや沖縄」が新しい！

京風にアレンジした鉄板沖縄料理

京都生まれの店主が提供するのは、ダシの旨みを利かせた創作沖縄料理。九条ねぎをたっぷり使ったラフテーなど、本場以上に美味しいとの声もちらほら。お好み焼きや焼きそばといった関西人好みの鉄板メニューもスタンバイ。沖縄と京都の融合を泡盛とともに味わいたい。

01.テーブル席では鉄板料理やお好み焼きはもちろん、チャンプルーも鉄板で。仲間と鉄板を囲み、ワイワイと分け合って食べられるのが嬉しい 02.沖縄のアグー豚を使用した塩焼きそばは、プラス料金で肉が倍増しに

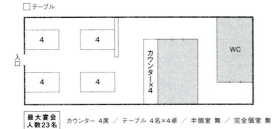

最大宴会人数23名 / カウンター 4席 / テーブル 4名×4卓 / 半個室 無 / 完全個室 無

平均予算(1人)
3,000 YEN～

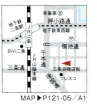

鉄板焼物やちむん
てっぱんやきものやちむん

京都市中京区西ノ京南聖町5
17:30～24:00 (LO/23:00)
火曜 P 無
MAP▶P121-05／A1

☎075・821・3603

CARD VISA・MasterCard・DC・AMEX・ダイナースクラブ・JCBなど
禁煙席無

SHOP DATA
― ショップデータ ―

京都らしい　夜遅　飲み放題あり

SITUATION
打ち上げ　歓送迎会　デート　女子会　おひとり様

ワイワイ ▼ しっとり

コース	4320円(8～9品) ※飲み放題込
飲み放題	飲み放題付のコース有
ビール	1杯 500円(アサヒ)
貸切	可(15～23名) ※3日前までに要予約
サプライズ	可 ※3日前までに要予約

[嵐]四条大宮(徒歩7分) [阪]大宮(徒歩8分)

居酒屋

柚子香る玉子は絶品！

居酒屋
すず菜

おでんが年中楽しめる

心温まるレトロな雰囲気

手間ひま掛けた料理で地元民の胃袋をつかむ居酒屋。名物のおでんや中央市場から仕入れる新鮮な海鮮を使ったお造りや一品料理など日本酒に合うアテが揃う。気の合う仲間との集まりから、24名までの大人数の貸し切り宴会までさまざまな用途で使える。

01.大将と奥さんの二人で切り盛りする店内は、ついつい長居したくなるようなあたたかい雰囲気が漂う 02.「おでん」と書かれた味わい深い看板と提灯が目印 03.厳選した昆布とかつおぶしでとったダシが染み込んだおでん。黄身が半熟の一番人気玉子や具材がたっぷりつまった自家製のひろうすなど年中味わえるのが嬉しい

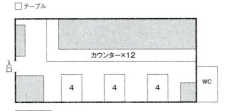

最大宴会人数24名 / カウンター 12席 / テーブル 4名×3卓 / 半個室 無 / 完全個室 無

平均予算(1人)
2,500 YEN～

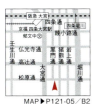

居酒屋 すず菜
いざかや すずな

京都市下京区松原通大宮東入ル北門前町735 大宮コーポ1F
11:30～13:00 ※月～金曜のみ
18:00～23:00
日曜 P 無
MAP▶P121-05／B2

☎075・821・6373

CARD 不可
禁煙席無

SHOP DATA
― ショップデータ ―

飲み放題あり

SITUATION
歓送迎会　女子会　男子会　おひとり様

ワイワイ ▼ しっとり

コース	5000円～ ※要相談
飲み放題	有 ※コース内で要相談
ビール	1杯 550円(アサヒ、キリン)
貸切	可(14～24名) ※5日前までに要予約
サプライズ	不可

🚃 嵐 西院(徒歩2分)　阪 西院(徒歩3分)　　　　　　　　　　　居酒屋

烏丸・丸太町 KARASUMA/MARUTAMACHI
河原町・木屋町・先斗町 KAWARAMACHI/KIYAMACHI/PONTOCHO
祇園 GION
京都駅 KYOTO STATION
二条城周辺・大宮・西院 NIJO CASTLE/OMIYA/SAIIN
北山・北大路 KITAYAMA/KITAOJI

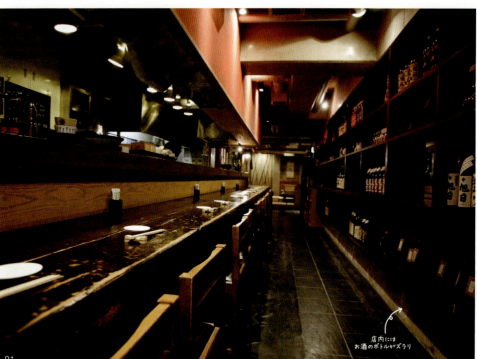
01 店内にはお酒のボトルがズラリ

02

03

01.しっぽりいきたい時はカウンターで　02.土佐酢に浸したトマトとしめ鯖の和え物は、さっぱりとした味で日本酒はもちろん、どんなお酒とも好適　03.炭火で焼いたイカの上に、いかわたと味噌、バターを和えたソースをかけて食べるイカ肝バターは、ほどよい苦みにお酒がすすむこと請け合い

さかぶくろ

日本酒好きが集まる

美味い肴と共に希少なお酒を飲み比べ

日本酒と魚が旨いと評判のこちらでは、新鮮な魚介を使用したお造りや炭火焼きなど、食通も唸る逸品を多数用意。全国各地から集められた珍しい銘柄も揃う日本酒は、好きなものを選べる三種飲み比べセットがおすすめ。旬の食材とダシで炊いた土鍋ごはんで締めれば満足感もひとしお。35名の座敷だけでなく、カウンターもあるのでサシ飲みにも。

The average budget 平均予算(1人) **4,000 YEN〜**

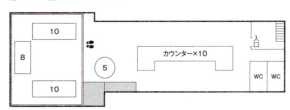

□テーブル　■座敷　👣靴の着脱必要

最大宴会人数35名　カウンター 10席／テーブル 5〜10名×4卓／半個室 無／完全個室 無

さかぶくろ
さかぶくろ

📍京都市中京区四条通御前西入ル壬生仙念町10-5 B1F
🕐 11:30〜14:00 (LO／13:30)※水・土・日曜休
　　17:00〜24:00 (LO／23:30)
休 日曜(翌日が祝日の場合は営業)、祝日の月曜　P 無

📞 075・354・6676

CARD VISA・MasterCard・DC・ダイナースクラブ・AMEX・JCB
🚭 禁煙席無

MAP ▶ P121-05／A1

SHOP DATA
― ショップデータ ―

| 夜遅 | 駅近 | 飲み放題あり |

SITUATION
| 打ち上げ | 歓送迎会 | 同窓会 | デート | おひとり様 |

ワイワイ ―――▼――― しっとり

コース	2480円(7品)、2980円(9品)　3980円(10品)
飲み放題	1500円(21種、150分)、2000円(29種、150分)　2500円(34種、150分)
ビール	1杯 500円(アサヒ)、瓶1本 550円(キリン)
貸切	不可
サプライズ	不可

日本酒がメインのラインナップ

MENU TOP3

👑① お造り盛り合わせ二人前　　　　1250円
② イカ肝バター　　　　　　　　　　 600円
③ キミクリ　　　　　　　　　　　　 300円

104

阪 西院（徒歩3分）　嵐 西院（徒歩5分）

焼肉

焼肉てんじゅえん
やきにくてんじゅえん

アットホームな店内は居心地も抜群

締めは韓国冷麺でさっぱりと

秘伝ダレとヒマラヤ岩塩で味わう極上肉

他府県からの常連客も多いという老舗焼き肉店。A4ランク以上の赤身や近江牛のホルモンなど、厳選された肉をリーズナブルに提供する。ほんのりスパイシーな自家製ダレと、肉本来の味を引きたてる岩塩で上質な肉を堪能して。

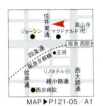

📞 075・311・8881

所 京都市右京区西院西淳和院町3
時 17：00〜23：00
休 水曜　P 有（2台）
CARD 不可
禁煙席無

MAP ▶ P121-05／A1

The average budget（1人）
平均予算 4,000 YEN〜

SHOP DATA ショップデータ		
夜遅	駅近	飲み放題あり
コース	2484円（6品）、4298円（8品）6210円（9品）	
飲み放題	1620円（約10種、90分）2160円（約10種、120分）	
ビール	1杯 540円（アサヒ）、瓶1本 756円（アサヒ）	
貸切	可（20〜30名）※3日前までに要予約	
サプライズ	不可	
席数	最大宴会人数32名 カウンター 4席／テーブル 4名×8卓／半個室 無／完全個室 無	

嵐 西院（徒歩5分）　阪 西院（徒歩6分）

創作中華

マンボ飯店
マンボはんてん

日替わりメニューがメイン！

宴会時は予約するのがベター

ワインと味わうスタイリッシュ中華

カフェを思わせるナチュラルな雰囲気の中華料理店。国産の厳選食材を使用したスパイシーな創作中華は、驚くほどワインと好相性。居心地抜群のこちらで、こだわりの器に盛られた華やかな中華を目当てに女子会を。

📞 075・757・7645

所 京都市中京区壬生西檜町11
時 12：00〜13：30 ※土・日曜・祝日休
　　17：00〜22：00（LO）
休 水曜　P 無
CARD 不可
全席禁煙

MAP ▶ P121-05／A2

The average budget（1人）
平均予算 3,500 YEN〜

SHOP DATA ショップデータ	
駅近	
コース	3000円（6〜7品）※4名以上でオーダー可
飲み放題	無 ※応相談
ビール	1杯 500円（キリン）
貸切	可（12〜15名）※1週間前までに要予約
サプライズ	不可
席数	最大宴会人数15名 カウンター 6席／テーブル席 2〜4名×3卓／半個室 無／完全個室 無

阪 西院（徒歩3分）　嵐 西院（徒歩5分）

焼鳥

にし野
にしの

鶏だけで作る技ありコース

店主のこだわりに委ねて鶏とお酒をじっくり堪能

焼き鳥をメインに、すべてコースで提供する鶏の専門店。鶏は産地を選ばず、その日最上と思ったものを仕入れるというこだわり派。炭火でじっくり焼かれた焼き鳥のお供には広島の「竹鶴」を燗酒で。

The average budget（1人）
平均予算 6,000 YEN〜

📞 075・322・3184

所 京都市右京区西院北矢掛町36-16
時 18：00〜23：00（LO／22：00）
休 水・日曜、祝日　P 無
CARD VISA・MasterCard・DC・ダイナースクラブ・AMEX・JCBなど
全席禁煙

MAP ▶ P121-05／A2

SHOP DATA ショップデータ	
駅近	
コース	3780円（10品）、4428円（11品）
飲み放題	無 ※お好みで追加オーダーも可能
ビール	1杯 650円（サッポロ）
貸切	不可
サプライズ	不可
席数	最大宴会人数4名 カウンター 8席／テーブル席 2〜4名×1卓／半個室 無／完全個室 無

路面電車に揺られて行きたい
嵐電沿線の隠れ家

ほっと和ませる老舗から、革新的な料理で楽しませてくれる新鋭まで、知る人ぞ知る個性豊かな店が目白押しな"嵐電（京福電車）沿線"。ふらり途中下車のグルメ旅へいざ！

> 名物店主の人柄も要チェック

トラットリア レオン
TRATTORIA LEON

骨太イタリアンを気取らないハコで

京都の老舗で修業した田中シェフの料理は、伝統的かつダイナミック。ワタリガニの旨みとトマトの酸味が絡み合う生パスタや、日々アップデートを重ねる自家製ソーセージなど。ALL2200円のボトルワインとともに味わえば思わず笑みがこぼれる。

> 濃厚なソースがクセになる

☎075・464・2020
京都市北区北野下白梅町67-3
MOMOビル1F
11：30〜15：00(LO／14：30)
17：30〜23：00(LO／22：00)
月曜休（祝日の場合は営業）　時間により禁煙(11：30〜15：00)
完全個室無　P無
MAP▶P116-01

嵐電路線図：

太秦広隆寺 — 蚕ノ社 — 嵐電天神川 — 山ノ内 — **西大路三条** — 西院 — 四条大宮

鳴滝 — 宇多野 — 御室仁和寺 — 妙心寺 — 龍安寺 — 等持院 — **北野白梅町**

きょうのおばんざい わらじてい
京のおばんざい わらじ亭

> 心も体もしみじみ和む

心地よいカウンターで大鉢と笑顔がにらめっこ

創業40年の老舗。品書きの代わりに並ぶのは、25種前後のおばんざいが盛られた大鉢。角のとれた酸味で食べやすい〆鯖、ちりめんじゃこと炒め煮した万願寺とうがらし、タコサラダなど、手間ひまを惜しまない料理と女将の穏やかな人柄に、今日もファンが集まる。

> 俳優さんもお忍びで来られますよ

MAP▶P121-05／A1

☎075・801・9685
京都市中京区壬生東大竹町14
17：00〜23：00(LO／22：30)
日曜、祝日休　禁煙席無
完全個室有※12名以上の宴会コース料理3000円以上を注文の場合のみ利用可（要予約）※飲み放題無
P無

あらしやまミタテ

嵐山MITATE

路地裏に隠れた京仏料理の名店

京仏料理の人気店［龍のひげ］(P.42)が手掛ける、隠れ家レストラン。"温故知新"を掲げ、ひと皿ごとにテーマを持つ京料理×フレンチが融合した美食でゲストを魅了する。嵐山の景色と共に、大人の会食を楽しんで。

MAP ▶ P116-01

☎075・863・1551
京都市右京区嵯峨天龍寺造路町33-25
11：00〜13：30(LO)、17：00〜20：30(LO)
水曜休
全席禁煙
完全個室有　P無

風光明媚な景色が見られる

陶芸作家 小川宣之氏の独創的な器も楽しみのひとつ。美山町の平飼い卵を使用した名物フォアグラプリン

○嵐山　○嵐電嵯峨　○鹿王院　○車折神社　○有栖川　○帷子ノ辻　○撮影所前　○常盤

さいかんウォン

菜館Wong

自家製調味料が支える入魂の香港料理

本格的な広東料理が手頃に味わえると話題の一軒。干しダラの旨みと絶妙な塩加減の香港粥や香ばしい胡麻が決め手の担々麺など、素材を活かした料理は胃もたれ知らず。「美味しくて体に良いものを」と調味料はほぼすべて手作り。その心意気にも感服！

ウーロン茶ゼリーは食後におすすめです

サクサクのラー油も手作りのひとつ

☎075・872・5216
京都市右京区太秦堀ケ内町32-2
11：30〜14：00(LO)※火曜のみ営業
17：30〜21：00(LO/20：45)
月・第3日曜休
火〜金曜は禁煙席無、土・日曜、祝日は全席禁煙　完全個室無　P無
MAP ▶ P116-01

ろばたやき きらく

炉ばた焼 喜楽

なつかしの炉端焼きを味わう

兵庫・伊丹で20年、京都・太秦で30年目を迎えた名店。毎朝中央市場から仕入れる鮮魚で作る炉端焼きを、昔ながらの大しゃもじに乗せてカウンター越しにニョキッと差し出してくれる。その他、ホクホクのジャガイモを丸めて揚げた「岩石」など、"俺ジナル"な酒肴も豊富。

☎075・881・9356
京都市右京区
太秦帷子ケ辻町11-25
17：00〜24：00
水曜休
禁煙席無
完全個室無　P有

MAP ▶ P116-01

1 patisserie et bar plein de la paix
パティスリー エ バー プラン ドゥ ラ ペ

お酒と一緒に楽しみたい大人のスイーツ

カウンター9席のみのこちらは、夜2時まで空いている貴重なパティスリー。スイーツには甘みを抑えたジェノワーズを使用したショートケーキ、お酒と合わせて楽しめるようにひと工夫している。西京味噌の甘みがワインの酸味を引き立てるフィナンシェも。

苦みの利いたキャラメルショコラ。赤とともに味わって

Chatting and Sweets at the cafe after drinking

呑み足りたけれど、しゃべり足りない
ぺちゃくちゃガールズに捧ぐ

夜遅カフェと甘いもの

一次会だけではまだまだ物足りない、そんな女性には"夜遅カフェ"がおすすめ。心地よい空間で寛ぎながら、別腹スイーツをほおばることができる夢の時間。更けていく夜に女子だけの二次会をどうぞ。

2 LE9
ロウワー イースト ナイン

香り高いコーヒーで至福のひとときを

ゲストハウスに併設されたスタイリッシュな空間で味わえるのは、自家焙煎コーヒーの店[WEEKENDERS COFFEE]の豆を使ったエスプレッソ。ほのかな苦味と芳醇な香りが、お酒の入った頭をすっきりとさせてくれる、締めにぴったりの一杯。

デニッシュトーストを使ったフレンチトーストは、サクサクとした食感と香ばしさが魅力

---

1 patisserie et bar plein de la paix
パティスリー エ バー プラン ドゥ ラ ペ
☎075・708・7689
京都市中京区河原町通三条下ル南車屋町282
森田ビル1F
18:00~翌2:00
木曜休　禁煙席無　完全個室無　P無
MAP▶P118-04／C2

2 LE9
ロウワー イースト ナイン
☎075・644・9990
京都市南区東九条南烏丸町32
8:00~23:00(LO/22:30、カフェメニューは22:00)
無休　全席禁煙　完全個室無　P無
MAP▶P121-05／B3

3 cafe MATSUONTOKO
カフェ マツオントコ
☎075・251・1876
京都市中京区新京極通四条上ル中之町538-6
11:30~16:00
17:30~22:00(LO/21:30)
不定休　全席禁煙　完全個室無　P無
MAP▶P118-04／C2

3 cafe MATSUONTOKO
カフェ マツオントコ

ヴィーガンスイーツだから深夜でも気にならない?!

新京極の一角で本格ヴィーガン料理を提供するこちら。ふわふわのパンケーキやたっぷりのアイスクリームも、豆乳をベースに作られているので、"深夜の甘いもの"も心置きなく楽しめる。さらにコーヒーやハーブティーなど、オーガニックのドリンクも充実。

パンケーキはアイスと豆乳ホイップも付いて、大満足のボリューム。チョコかフルーツ、好きなソースを選べるのが嬉しい

北山・北大路エリア

KITAYAMA / KITAOHJI

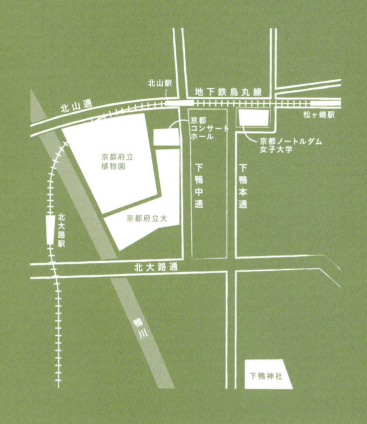

閑静な住宅街のイメージが強い北山・北大路エリア。実は商店街や住宅に紛れて、隠れ家的名店が多数存在!イタリアン・フレンチを始め、さまざまなジャンルの店が揃っているので自分だけの特別な一軒を探して。

主な最寄駅
・京都市営地下鉄「松ヶ崎」「北山」「北大路」

地 北山（徒歩1分）　　　　　　　　　　　　　　　　　　　　ピッツェリア

IN THE GREEN

北山で有数のロケーションの良さ

豊かな自然の中で香ばしいピッツァを

緑に包まれた北山の植物園に隣接。開放感抜群のスタイリッシュな店構えと、こだわりの薪窯で焼きあげる14種類のピッツァが楽しめるのが魅力。広々としたテラス席は貸し切りも可能なので、自然の中でワイワイと食事をしたいときにはピッタリ。

01.陽の光が降り注ぎ、風を感じることができるテラスは、4名以上でBBQができる(2日前までに要予約)　02.大きな窓がいくつも設けられ、店内からは植物園の緑や花を存分に楽しめる　03.トロトロの卵を絡め、新窯ならではの香ばしさとモチモチの生地感を味わえるビスマルク1400円

人気のテラスはBBQも可能

最大宴会人数136名　カウンター 6席 ／ テーブル 2〜6名×41卓 ／ 半個室 4〜6名×1室 ／ 完全個室 無

平均予算(1人) **3,500 YEN〜**

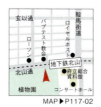

MAP ▶ P117-02

IN THE GREEN
イン ザ グリーン

所 京都市左京区下鴨半木町 府立植物園北山門横
時 11:00〜22:30(LO)
休 無休　P 無
℡ 075・706・8740
CARD VISA・MasterCard・DC・ダイナースクラブ・AMEX・JCB
禁煙席有 ※テラス席のみ喫煙可

SHOP DATA — ショップデータ —

眺めがいい　子供連れ歓迎　駅近　飲み放題あり

SITUATION
打ち上げ　同窓会　ウエディング　デート　女子会

ワイワイ ◀―――――――▶ しっとり

コース	4300円(7品) 5500円(8品) ※飲み放題込
飲み放題	飲み放題付のコース有
ビール	1杯 550円(キリン)
貸切	可(60〜120名) ※5日前までに要予約
サプライズ	可 ※前日までに要予約

地 松ヶ崎（徒歩1分） イタリアン

Trattoria Pino

01.黒板には仕入れによって変わるメニューがずらり 02.見た目にもボリュームのある一品は赤ワインのコクと牛テールの旨みのマリアージュが楽しめるワイン煮込み 03.野菜のマリネやサラダなど、豊富な前菜をワゴンからお好みでセレクトできる前菜400円～

陽気なイタリア気分に浸れるトラットリア

ボトルのバリエーションに定評のあるこちら。ナポリで研鑽を積んだシェフの技が遺憾なく発揮された料理は、豪快かつ繊細。素材の味はもちろん、色彩や質感も活かした一皿は実に華やか。イタリア語が飛び交う店内で、現地さながらのムードを味わおう。

見た目も味も大満足

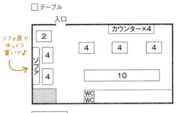

最大宴会人数36名　カウンター 4席 ／ テーブル 2～10名×7卓 ／ 半個室 無 ／ 完全個室 無

平均予算（1人） 4,000 YEN～

MAP▶P117-02

Trattoria Pino
トラットリア ピノ

㊟ 京都市左京区松ヶ崎井出海道町6-6
㊐ 11:30～15:00（LO/14:30）、17:30～23:00（LO/22:00）
土・日曜、祝日～16:00（LO）、ディナー16:00～
㊡ 水曜（祝日の場合は営業）　Ⓟ 有（15台）

☎ 075・706・6377

CARD VISA・MasterCard・DC・ダイナースクラブ・AMEX・JCB

全席禁煙

SHOP DATA — ショップデータ —

| 駅近 |

| SITUATION |
| 歓送迎会　同窓会　記念日　デート　女子会 |
| ワイワイ ———▼——— しっとり |

コース	3800円(6品)、5000円(8品)
飲み放題	無　※応相談
ビール	1杯 600円（サッポロ）、瓶1本 650円（アサヒ）
貸切	不可
サプライズ	可　※前日までに要予約

地 松ヶ崎（徒歩1分） スペインバル

スペインバル LA PAELLA

貴重なパエリア専門店！

01.グリーンに囲まれたテラスで食事ができるのも人気 02.フォトジェニックなビジュアルも楽しい季節の素材を使ったパエリア。鰹と昆布に夏は鱧、冬はフグを加えた旨みたっぷりのダシで炊き上げる 03.スタッフが目の前で切って提供してくれるスペイン産生ハム。厳選されたワインや世界のビールと楽しんで

元気カラーのパエリアをみんなでシェア

開放的なテラス席が目印のスペインバル。看板メニューは、本国の味を再現し、魚介の旨みが凝縮されたオマール海老のパエリア。他にも旬の素材や契約農家から仕入れた野菜を使った、バリエーション豊富なタパスなどもスタンバイしている。

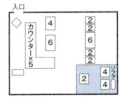

最大宴会人数70名　カウンター 5席 ／ テーブル 2～6名×10卓 ／ 半個室 2～4名×1室 ／ 完全個室 無

平均予算（1人） 3,500 YEN～

MAP▶P117-02

スペインバル LA PAELLA
スペインバル ラパエラ

㊟ 京都市左京区松ヶ崎六ノ坪町5
㊐ 11:30～21:30（LO/21:00）
㊡ 火曜（祝日の場合は営業）　Ⓟ 有（16台）

☎ 075・707・8989

CARD VISA・MasterCard・DC・ダイナースクラブ・AMEX・JCB
※パーティ時は不可

全席禁煙（喫煙スペース有）

SHOP DATA — ショップデータ —

| 眺めがいい | 駅近 | 飲み放題あり |

| SITUATION |
| 歓送迎会　ウエディング　デート　女子会　2軒目 |
| ワイワイ —▼——— しっとり |

コース	3500円～　予算に合わせて応相談
飲み放題	1500円(5種、120分)
ビール	瓶1本 500円（ハイネケン、他） スペインビールを中心に約10種！
貸切	可（30～70名）※1週間前までに要予約
サプライズ	可　※1週間までに要予約

110

（地）北大路（徒歩18分）　　　　　　　　　　　　　　　　　　　　　　　旬野菜イタリアン

La Camartina
ラ カマルティーナ

皿に描かれるイタリアンアート

京都らしいイタリアンを堪能できるリストランテ

「野菜が命」と語る大井シェフは上賀茂や大原で収穫した無農薬栽培の野菜に、イタリアンでは珍しいカラスミなどの珍味を織り交ぜながら創作。その一皿はアート作品のような色鮮やかなルックスに加え、やさしい味わいが人気を呼んでいる。

MAP▶P117-02

見た目も鮮やかな一品!

📞 075・441・5514
所 京都市北区紫野上築山町14
時 12:00～13:30(LO)、18:00～20:30(LO)
休 月曜（祝日の場合は営業、翌日休）、隔週火曜
P 無

CARD VISA・MasterCard・DC・AMEX・JCB など
全席禁煙

The average budget (1人)
平均予算
7,000 YEN～

SHOP DATA
― ショップデータ ―

	京都らしい
コース	ランチ 2800円(5品)、4800円(6品)、8000円(9品) / ディナー 4800円(6品)、5800円(8品)、8500円(9品)
飲み放題	無
ビール	1杯 700円（サッポロ）
貸切	可(7～9名) ※当日応相談
サプライズ	不可
席数	最大宴会人数9名 / カウンター 9席 / テーブル 2～6名×1卓 / 半個室 無　完全個室 2～6名×1室

（地）北山（徒歩5分）　　　　　　　　　　　　　　　　　　　　　　　フレンチ

Chez PASCAL
シェ パスカル

京フレンチの代表格

フランスの風を感じるお気軽フレンチ

40年以上に渡り京都のフレンチシーンを牽引してきたパスカルシェフが、充電期間を経て2016年に復活。クラシックな技法にコンテンポラリーなアイディアを取り入れた至高の一皿を堪能しよう。

MAP▶P117-02

カジュアルフレンチならコチラ!

The average budget (1人)
平均予算
6,000 YEN～

📞 075・748・1999
所 京都市北区上賀茂岩ヶ垣内町14-3 ノースサイドビル1F
時 12:00～14:00(LO)、18:00～20:30(LO)
休 月曜（祝日の場合は営業、翌日休）
P 有(5台)

CARD VISA・MasterCard・ダイナースクラブ・AMEX・JCB
全席禁煙

SHOP DATA
― ショップデータ ―

	駅近
コース	ランチ 3000円(4品) / ディナー 4000円(4品)、6000円(5品)
飲み放題	無
ビール	小瓶1本 500円～（アサヒ、他）
貸切	可 (6～20名) ※1週間前までに要予約
サプライズ	可
席数	最大宴会人数20名 (立席ビュッフェスタイルで約30名) / カウンター 無　／　テーブル 6卓 / 半個室 6～10名×1室　／　完全個室 無

（地）北大路（徒歩8分）　　　　　　　　　　　　　　　　　　　　　　　フレンチ

Les Deux Garçons
レドゥ ギャルソン

正統派のビストロ料理

The average budget (1人)
平均予算
5,000 YEN～

和×仏の融合空間で至福の時を

鮮やかなブルーが目を引く外観。入口からは古い町家を改装した落ち着きのある店内が覗く。フランス人シェフが腕を振るう料理に心地よいサービスと、正統派ビストロさながらの雰囲気が楽しめる。

爽やかな雰囲気

MAP▶P117-02

📞 075・708・7500
所 京都市左京区下鴨上川原町3
時 18:00～24:00(LO／23:00)
　土・日曜11:30～14:00(LO)、18:00～24:00(LO／23:00)
休 木曜、他不定休　P 無

CARD 不可
禁煙席有

SHOP DATA
― ショップデータ ―

子供連れ歓迎	夜遅

コース	4000円(4品)、5000円(5品) / 6000円(5品)
飲み放題	無
ビール	1杯 600円（サントリー）
貸切	可(40～50名) ※1ヶ月前までに要予約
サプライズ	不可
席数	最大宴会人数25名 / カウンター 無 / テーブル 2～6名×14卓 / 半個室 3～4名×1室　／　完全個室 無

地 北大路（徒歩12分）　　　　　　　　　　　　　　　　　　　　　　　　　　串揚

01.古民家の面影を残したスタイリッシュな空間。ジャズのBGMを聴きながら揚げたての串を　02.シンプルで洗練された個室。黒い玉砂利が敷き詰めた庭も配され粋な空間に　03.コース5400円ではイクラのせサーモンやバジル味噌のせズッキーニなど串揚げ15本が楽しめる　04.コースにはおばんざい2品、お茶漬け串揚げ、デザートも登場。追加の串揚げは324円〜

あっと驚くような串揚げが続々登場

串揚げtoshico

心華やぐ大人串揚げ

創意工夫を凝らした贅沢な串揚げを満喫

黒の杉板で囲まれた大人の隠れ家風のシックな串揚げ。メニューはコース3780円（串7本）〜がメイン。オープンキッチンでは大阪ミナミの有名な串揚げ店で腕を磨いた楠シェフが、上質素材に創意工夫を凝らした串を揚げたてで1本ずつ提供。ビールももちろん合うけれど、店の雰囲気に合わせて白ワインやスパークリングワインを楽しみたい。

The average budget
平均予算（1人）
6,000 YEN〜

□テーブル　■完全個室

カウンター×9　｜　8　｜　庭
入口

最大宴会人数8名　カウンター 9席 ／ テーブル席 6〜8名×1卓 ／ 半個室 無 ／ 完全個室 6〜8名×1室

串揚げtoshico
くしあげトシコ
所 京都市左京区下鴨本町11-1
時 17:00〜22:00（入店）
休 木曜　P 無
MAP ▶ P117-02

☎ 075・724・1045
CARD VISA・MasterCard・DC
全席禁煙

SHOP DATA
―ショップデータ―

子供連れ歓迎

SITUATION
接待　商談　記念日　デート　女子会

ワイワイ ――――――▼ しっとり

コース	3780円（7品） 5400円（7品）
飲み放題	無
ビール	1杯 648円（アサヒ）
貸切	可（3〜8名）※前日までに要予約
サプライズ	可 ※持ち込みのみ

MENU TOP3

① 車海老　　　　　　　756円
② イクラのせサーモン　324円
③ 枝豆のコロッケ　　　324円

烏丸・丸太町　河原町・木屋町・先斗町　祇園　京都駅　二条城周辺・大宮・西院　**北山・北大路**

112

(地)北大路（徒歩4分） 串揚

串 たびと
パン粉の繊細さは一級品！

旬の味を堪能できるコースに舌鼓

創業から約30年間、界隈の常連が足繁く通うこちら。品のある白木のカウンターで味わうのは、きめ細かいパン粉と植物油でカラッと揚げた串揚げ。ストップをかけるまで次々と出てくるコースでは、旬野菜や魚介を中心に、食材の味を心ゆくまで堪能できる。

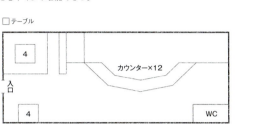

女性にも嬉しいヘルシーな串揚げ

01.季節の食材を揚げていくカウンターコースは、1本140円が目安。衣が薄いので、ついつい何本も食べてしまうほどのあっさり風味。串7本と、かやくごはんなどが付いた定食もおすすめ 02.カウンターの目の前に揚げ場があるので、店主との会話も弾む 03.テーブル席では、気の置けないグループで楽しんで

最大宴会人数20名／カウンター 12名／テーブル 2～4名×2卓／半個室 無／完全個室 無

平均予算(1人) 4,000 YEN～

SHOP DATA — ショップデータ
子供連れ歓迎　駅近

SITUATION
接待　記念日　顔合わせ　デート　おひとり様

ワイワイ ▼ ─────── しっとり

コース	1400円(9品)～
飲み放題	無
ビール	1杯 600円(サッポロ)
貸切	不可
サプライズ	不可

串 たびと
くし たびと

京都市北区上賀茂今井河原町10-38
17:00～22:30（LO／21:30）
月・第3火曜（祝日の場合は営業、翌日休）　有(7台)
075・701・9417
CARD 不可　全席禁煙

MAP▶P117-02

(地)松ヶ崎（徒歩14分） ラーメン

塩見家とんとん
町家ラーメン店で宴会

トリプルスープに具だくさん鍋でワイワイ

ラーメン店で宴会？とあなどるなかれ。ラーメン店だけあって、麺で締める鍋コースに定評がある。中でも茶美豚や近江牛のモツ、たっぷり野菜が味わえるとんとん鍋が人気。町家を改装した店内で、風情ある庭を眺めながら宴会を楽しんで。

01.鶏と豚骨、魚介の合わせスープでさまざまな具材を楽しめるとんとん鍋 2980円 02.座敷は貸し切りでゆっくり寛ぎたい。イベントの開催も可能なので、気軽に相談を

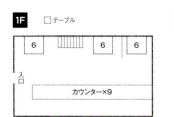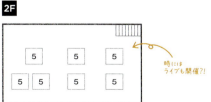

時にはライブも開催?!

最大宴会人数30名／カウンター 9席／テーブル 5～7名×10卓／半個室 無／完全個室 無

平均予算(1人) 2,500 YEN～

SHOP DATA — ショップデータ
子供連れ歓迎　飲み放題あり

SITUATION
打ち合わせ　歓送迎会　同窓会　女子会　男子会

ワイワイ ▼ ─────── しっとり

コース	2480円(3品) 2480円(8品) ※2日前までに要予約、4名～
飲み放題	1500円(20種、120分)
ビール	1杯 500円～（キリン） 瓶1本 550円（キリン、サッポロ、他）
貸切	可（20～30名）※1週間前までに要予約
サプライズ	可　※1週間前までに要予約

塩見家とんとん
しおみやとんとん

京都市左京区下鴨東本町28-9
11:00～14:30、17:30～22:30、
土・日曜、祝日11:00～22:30
木曜（祝日の場合は営業）　有(5台)
075・744・1332
CARD 不可　時間により禁煙（11:00～14:30）

MAP▶P117-02

 地 北大路(徒歩13分)　　　　　　　　　　　居酒屋

下鴨 芹生

北の短冊系居酒屋代表

昔ながらの味わい深い空気に包まれて

40年に渡って幅広い年代から支持されるこちらは、趣のあるカウンターと掘り炬燵が配された昔ながらのノスタルジックな雰囲気。地元の野菜を使ったおばんざいやお酒のアテなどお腹いっぱい食べてもリーズナブル。女性一人でもゆっくり寛げる家庭的な雰囲気も魅力だ。

温かい笑顔が素敵

01.主人、女将、板前とアルバイトの学生が一同に。アットホームな雰囲気がよく伝わる　02.その日仕入れた天然魚介を使った造り盛り合わせ。新鮮でボリュームがあり人気メニューのひとつ　03.里芋の海老団子。やさしい味わいの葛のダシが香る、すりおろした団子のなめらかさとぶぶあられの食感が新しい一品

平均予算(1人) **3,000 YEN～**

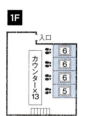 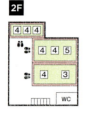

□テーブル　□掘り炬燵　□座敷
■半個室　■完全個室　👣靴の着脱必要

最大宴会人数30名　カウンター13席／テーブル3～6名×12卓／半個室5～6名×4室／完全個室7～13名×3室

MAP▶P117-02

下鴨 芹生
しもがも せりょう

📍京都市左京区下鴨西半木町82
🕐17:00～24:00(LO/23:00)
休月曜　P有(3台)

📞075・721・5846
CARD 不可
🚭禁煙席有

SHOP DATA ショップデータ

| 京都らしい | 夜遅 |

SITUATION
歓送迎会　同窓会　女子会　おひとり様

ワイワイ ────▼──── しっとり

コース	2500円(6品)、3500円(7品) 3000円(4品)
飲み放題	無
ビール	1杯550円(アサヒ)、瓶1本600円(アサヒ)
貸切	不可
サプライズ	可 ※当日応相談

 地 北大路(徒歩17分)　　　　　　　　　　　焼肉

焼肉 あべや

垂涎必至の希少肉

精肉卸ならではのリーズナブルな高品質和牛

昔ながらのロースターに木目調の内装など、落ち着いた雰囲気。全国トップレベルの銘柄和牛をはじめ、西日本では取り扱っている店が少ない花巻黒ぶどう牛など、個性的で珍しい肉が良心的な価格で食べられるとあって、地元だけでなく遠方からのファンも足繁く通う。

01.静かな住宅街に佇む隠れ家的人気店。木目調のシンプルな店内で落ち着いて食事を楽しめる　02.花巻黒ぶどう牛の中落ちカルビをはじめ、国産仔牛ランチ、霜降り和牛ロースなど上質な肉が揃う　03.ブドウを発酵させたものを与えて育てた花巻黒ぶどう牛の三角バラは、甘みがあって食べ応え十分。全国から届く選りすぐりの肉を満喫しよう

鬼をのむほどサシがびっしり！

□テーブル　□座敷　👣靴の着脱必要

平均予算(1人) **5,000 YEN～**

最大宴会人数30名　カウンター無／テーブル2～4名×7卓／半個室無／完全個室無

MAP▶P117-02

焼肉 あべや
やきにく あべや

📍京都市北区紫野雲林院町90
🕐11:30～14:00(LO/13:40)
　17:00～23:00(LO/22:30)
休月曜(祝日の場合は営業、翌日休)　P無

📞075・204・1711
CARD VISA・MasterCard・AMEX・JCBなど
🚭禁煙席無

SHOP DATA ショップデータ

| 子供連れ歓迎 | 飲み放題あり |

SITUATION
歓送迎会　接待　記念日　女子会　男子会

ワイワイ ────▼──── しっとり

コース	無 ※応相談
飲み放題	1500円(16種、90分)
ビール	1杯450円～(アサヒ) 瓶1本550円(キリン、アサヒ、他)
貸切	可(28～30名)※1週間前までに要予約
サプライズ	可 ※2日前までに要予約

[地] 北大路 (徒歩6分) 　　　　　　　　　　　　　　　　　　　　　　　　　和食

京・旬彩料理 次郎
きょう しゅんさいりょうり じろう

店主が魚博士！

追力満点のお造り盛り合わせ

釣り人の店主が捌く新鮮な琵琶湖鱒を堪能して

魚のことに関しては釣り人の店主にお任せ。なかでも琵琶湖の漁師から仕入れる**1本釣りの琵琶湖鱒**は極上のサーモンさながらの見事な霜降り具合で、通年を通して人気。旬素材を使った天ぷらも絶品。

MAP ▶ P117-02

📞 075・491・1087
所 京都市北区小山初音町48
時 12:00〜14:30 ※ランチは予約のみ
　 17:00〜23:00 (LO/22:30)
休 月曜(祝日の場合は営業、翌日休)　P 無

CARD VISA・MasterCard・DC・ダイナースクラブ・JCBなど
🚭 禁煙席無

平均予算(1人)
4,500 YEN〜

SHOP DATA
— ショップデータ —

子供連れ歓迎	飲み放題あり

コース	昼 2750円(8品)、3850円(7品) ※飲み放題別 夜 5000円(7品) ※飲み放題込
飲み放題	飲み放題付のコース有
ビール	1杯 540円〜(サッポロ) 瓶1本 630円(サッポロ)
貸切	可(16〜24名)
サプライズ	不可
席数	最大宴会人数24名 カウンター 8席／ テーブル席 6〜8名×3卓／ 半個室 無／完全個室 無

[地] 北大路 (徒歩14分) 　　　　　　　　　　　　　　　　　　　　　　　　洋食

京都下鴨ダイニング ぼてちん
きょうとしもがもダイニング ぼてちん

ボリューミーな名物バーグ

揚げ餅がのったハンバーグ！

変わりバーグでいつもと違うサプライズを

オープンから一貫して無添加・手作りにこだわった料理を提供。**人気の"お誕生日バーグ"は思わず声を上げそうになるほどの大きさで、なんと4〜5人前**。事前に予約すればロウソクが付くの嬉しいサービスも。

MAP ▶ P117-02

📞 075・781・0028
所 京都市左京区下鴨西本町21-1-101
時 11:30〜14:00 (LO/13:30) ※土日のみ
　 17:30〜22:00 (LO/21:30)
休 月曜　P 有(3台)

CARD 不可
🚭 全席禁煙

平均予算(1人)
3,500 YEN〜

SHOP DATA
— ショップデータ —

京都らしい

コース	6500円(5品)、7500円(5品)
飲み放題	無
ビール	瓶1本 700円(アサヒ、キリン)
貸切	可(20〜24名) ※前日までに要予約
サプライズ	可 ※前日までに要予約
席数	最大宴会人数24名 カウンター 6席／ テーブル 4〜6名×3卓／ 半個室 無／完全個室 無

[地] 北山 (徒歩5分) 　　　　　　　　　　　　　　　　　　　　　　　　　うどん

京都下がも 旨味ひとつ
きょうとしもがも うまみひとつ

らいすサンドも要チェック！

天ぷらを別添えできる！

黄金のダシと自家製麺が見事にコラボ！

黄金色で香り高く上品な味わいのダシは、利尻の昆布のほか厳選した鰹や鯖、ウルメなど、さまざまな節をブレンド。国産小麦を使用したのど越しが良い麺がマッチする。**無添加のやさしい味を味わって**。

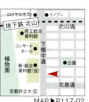

平均予算(1人)
1,000 YEN〜

📞 075・702・7006
所 京都市左京区下鴨萩ヶ垣内町40-4(新・総合資料館前)
時 11:00〜14:30 (LO)、17:00〜20:30 (LO)
休 木曜　P 無

CARD 不可
🚭 全席禁煙

SHOP DATA
— ショップデータ —

京都らしい	駅近

コース	3980円(10品)、4980円(10品)
飲み放題	無
ビール	1杯 760円(アサヒ、キリン) 瓶1本 750円(アサヒ、キリン)
貸切	可(20〜30名) ※前日までに要予約
サプライズ	不可
席数	最大宴会人数30名 カウンター 11席／ テーブル 2〜4名×5卓／ 半個室 8〜12名×1室／完全個室 無

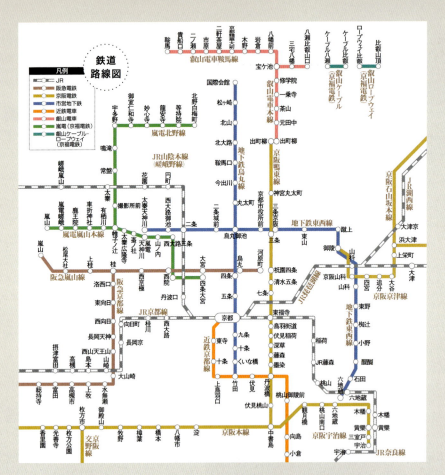

Kyoto nomikai

AREA MAP

Map.01 広域

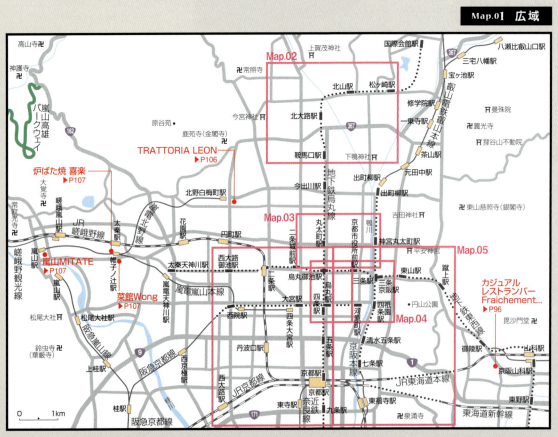

Kyoto nomikai area map

Map.02 北山・北大路

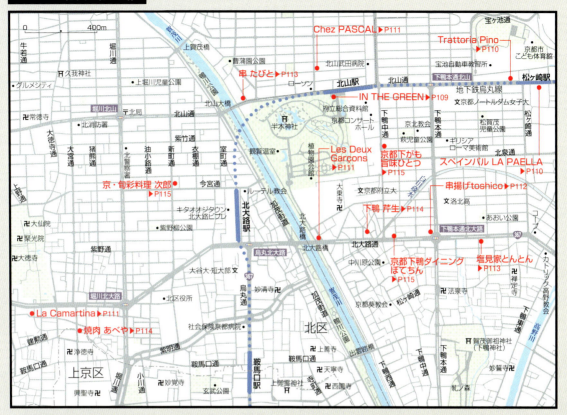

Map.03 丸太町

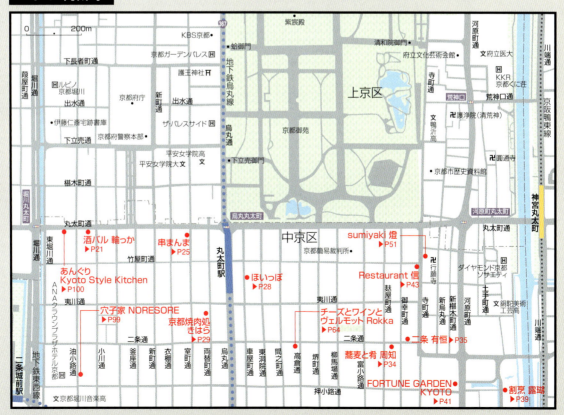

Map.04 烏丸・河原町・祇園

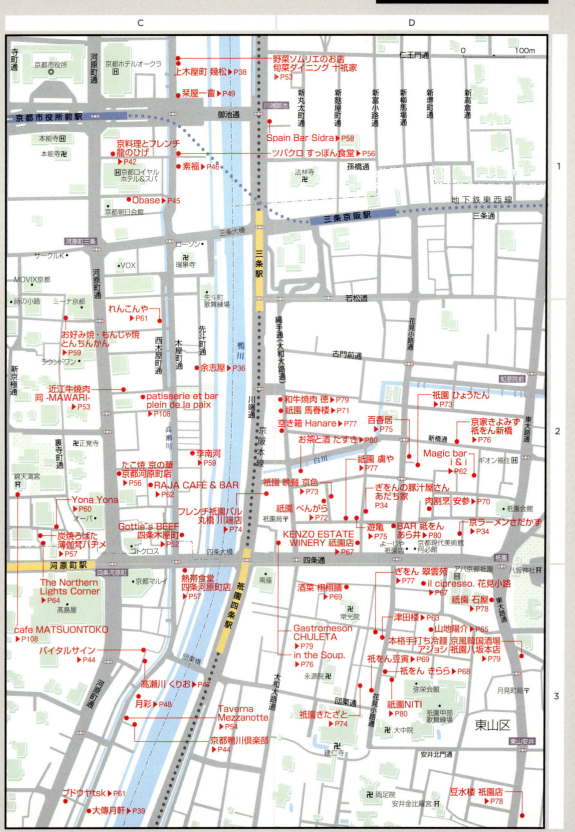

Kyoto nomikai area map

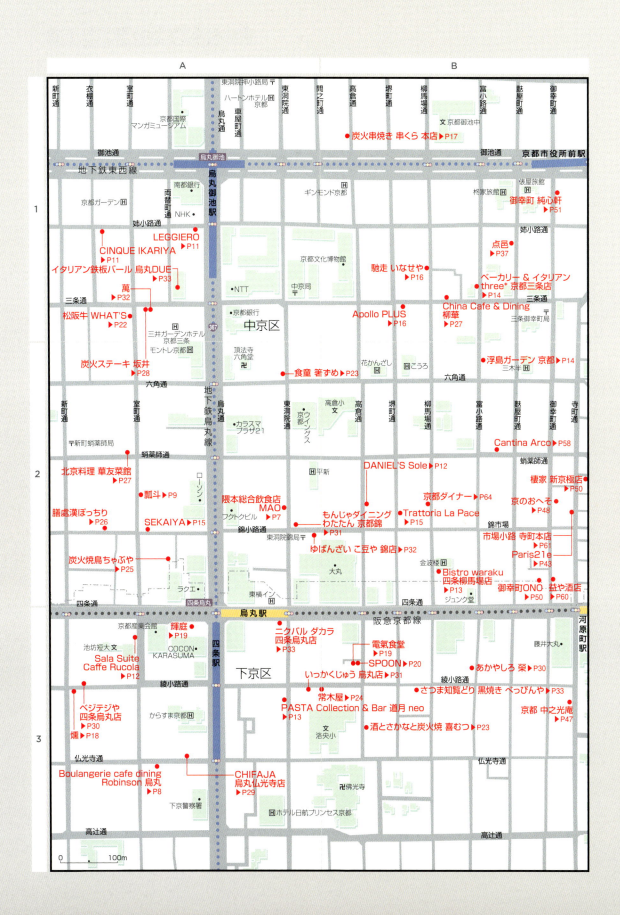

Map.05 京都駅・二条・大宮・西院

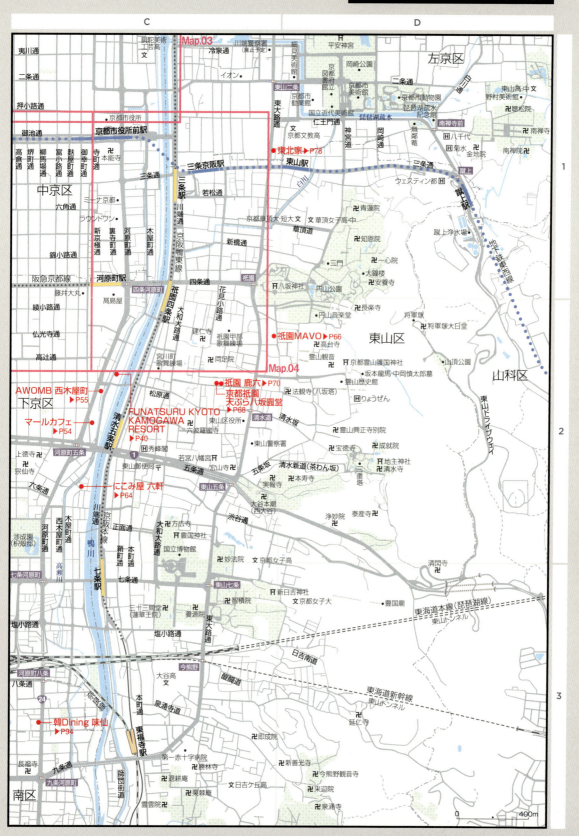

Kyoto nomikai area map

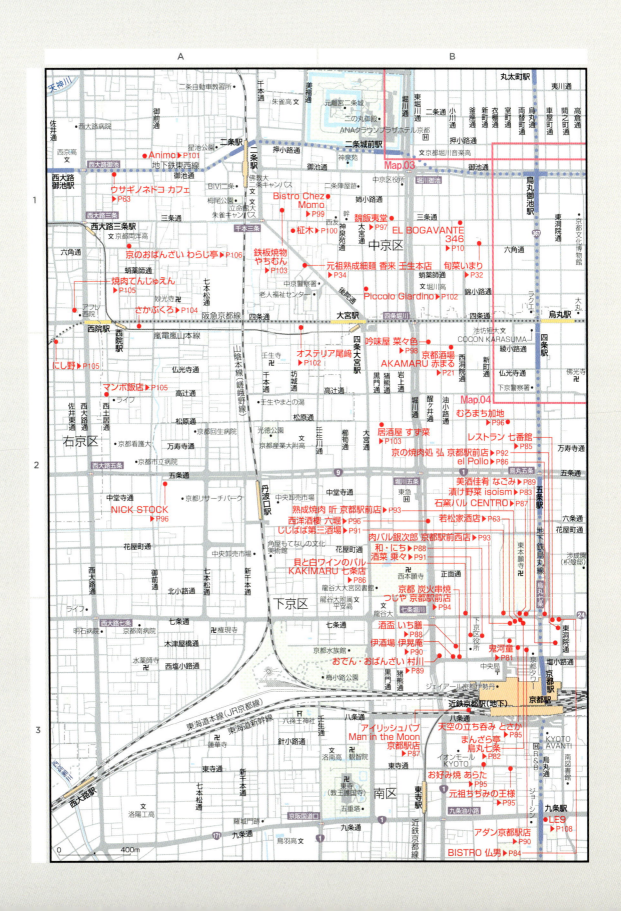

【眺めがいい】川沿いや高いところに立地しているなど　【京都らしい】町家、京都らしいメニューがあるなど　【子供連れ歓迎】子供連れの来店が多いなど　【夜遅】ラストオーダーが23：00以降　【駅近】最寄り駅まで徒歩5分以内　【大バコ】最大宴会人数鋪が40名以上

二条城周辺・大宮・西院エリア

	店名	ページ	ジャンル	定休日	平均予算	コース	カード利用	飲み放題	ビールメーカー					眺めがいい	京都らしい	子供連れ歓迎	夜遅	駅近	大バコ
									アサヒ	キリン	サントリー	サッポロ	その他						
か	魏飯夷堂	97	中華	火 他不定休	3000円～	3024円～		●		●										
	吟味屋 菜々色	98	和風居酒屋	不定休	4000円～	2470円～	●	●		●						●				
さ	さかぶくろ	104	居酒屋	日、祝日の月 翌日が祝日の場合は営業	4000円～	2480円～	●	●	●	●								●	●	
た	鉄板焼物やちむん	103	創作鉄板料理	火	3000円～	4320円	●	●		●						●				
な	にし野	105	焼鳥	水、日、祝日	6000円～	3780円～	●					●							●	
は	Bistro Chez Momo	99	ビストロ	水	3000円～	3000円～	●					●					●	●		
	Piccolo Giardino	102	イタリアンバル	水	3000円～	無	●				●							●	●	
ま	柾木	100	和食	不定休	1万2000円～	1万800円	●		●	●						●				
	マンボ飯店	105	創作中華	水	3500円～	3000円	応相談			●									●	
や	焼肉てんじゅえん	105	焼肉	水	4000円～	2484円～		●	●									●	●	

北山・北大路エリア

	店名	ページ	ジャンル	定休日	平均予算	コース	カード利用	飲み放題	ビールメーカー					眺めがいい	京都らしい	子供連れ歓迎	夜遅	駅近	大バコ
									アサヒ	キリン	サントリー	サッポロ	その他						
あ	IN THE GREEN	109	ピッツェリア	無休	3500円～	4300円～	●	●		●				●		●			●	●
か	京都下がも 旨味ひとつ	115	うどん	木	1000円～	3980円～			●	●						●			●	
	京都下鴨ダイニング ぼてちん	115	洋食	月	3500円～	6500円～			●	●						●				
	京・旬彩料理 次郎	115	和食	月 祝日の場合は営業、翌日休	4500円～	昼2750円～ 夜5000円	●	●			●					●				
	串揚げtoshico	112	串揚	木	6000円～	3780円～	●									●				
	串 たびと	113	串揚	月・第3火 祝日の場合は営業、翌日休	4000円～	1400円～						●				●			●	
さ	塩見家とんとん	113	ラーメン	木 祝日の場合は営業	2500円～	2480円		●		●			●			●				
	下鴨 芹生	114	居酒屋	月	3000円～	2500円～			●							●		●		
	Chez PASCAL	111	フレンチ	月 祝日の場合は営業、翌日休	6000円～	昼3000円 夜4000円～	●					●							●	
	スペインバル LA PAELLA	110	スペインバル	火 祝日の場合は営業	3500円～	3500円～	●	●					●	●					●	●
た	Trattoria Pino	110	イタリアン	水 祝日の場合は営業	4000円～	3800円～	●	応相談	●			●							●	
や	焼肉 あべや	114	焼肉	月 祝日の場合は営業、翌日休	5000円～	応相談	●	●	●	●			●				●			
ら	La Camartina	111	旬野菜 イタリアン	月 祝日の場合は営業、翌日休 隔週火	7000円～	昼2800円～ 夜4800円～	●					●				●				
	Les Deux Garçons	111	フレンチ	木 他不定休	5000円～	4000円～				●								●	●	

逆引きインデックス

【眺めがいい】川沿いや高いところに立地しているなど　【京都らしい】町家、京都らしいメニューがあるなど　【子供連れ歓迎】子供連れの来店が多いなど　【夜遅】ラストオーダーが23：00以降　【駅近】最寄り駅まで徒歩5分以内　【大バコ】最大宴会人数が40名以上

京都駅エリア

	店名	ページ	ジャンル	定休日	平均予算	コース	カード利用	飲み放題	アサヒ	キリン	サントリー	サッポロ	その他	眺めがいい	京都らしい	子供連れ歓迎	夜遅	駅近	大バコ
あ	おでん・おばんざい 村川	89	居酒屋	不定休	3000円~	貸切の場合は応相談	●		●	●					●		●		
	鬼河童	81	居酒屋	不定休	4000円~	3800円	●								●		●		●
か	貝と白ワインのバル KAKIMARU 七条店	86	イタリアンバル	不定休	3500円~	4000円~					●						●		
	元祖ちぢみの王様	95	韓国料理	日、祝日	2500円~	3240円		●			●					●	●	●	
	韓Dining 味仙	94	韓国料理	火	3000円~	2500円		●			●						●		
	京都 炭火串焼 つじや 京都駅前店	94	焼鳥・串焼	不定休	4000円~	2500円	●	●	●		●						●	●	
	京の焼肉処 弘 京都駅前店	92	焼肉	無休	5000円~	5000円	●	●	●		●						●	●	
さ	じじばば第三酒場	91	居酒屋	日、祝日	3000円~	3500円						●					●	●	
	熟成焼肉 听 京都駅前店	93	焼肉	無休	5000円~	3500円		●			●						●	●	
	酒菜 乗々	91	居酒屋	不定休	4000円~	3500円		●			●						●	●	
	酒盃 いち膳	88	和食	無休	4500円~	2500円~		●	●					●	●		●		
た	漬け野菜 isoism	83	居酒屋	不定休	2500円~	2500円	●	●	●						●		●		
	天空の立ち呑み とさか	85	立ち呑み	無休	1500円~	無		●				●		●			●		
な	肉バル銀次郎 京都駅前西店	93	肉バル	無休	3000円~	5000円	●	●		●							●		
は	美酒佳肴 なごみ	89	居酒屋	月 祝日の場合は営業、翌日	3500円~	4000円~	●	●	●						●		●		
	BISTRO 仏男	84	フレンチ	月	4500円~	2500円~					●						●		
ま	まんざら亭 烏丸七条	82	居酒屋	無休	4500円~	5000円		●						●	●		●		
ら	レストラン 七番館	85	フレンチ・洋食	日 貸切の場合は営業可	4500円~	4500円													●
わ	和・にち	88	寿司・和食	日 祝日不定休	3000円~	3000円~	●	●		●							●		

二条城周辺・大宮・西院エリア

	店名	ページ	ジャンル	定休日	平均予算	コース	カード利用	飲み放題	アサヒ	キリン	サントリー	サッポロ	その他	眺めがいい	京都らしい	子供連れ歓迎	夜遅	駅近	大バコ
あ	穴子家 NORESORE	99	穴子専門店	月 祝日の場合は営業、翌日休	4000円~	5400円~	●				●				●			●	
	Animo	101	フレンチ	水 第1・3火	6500円~	3500円~	●		●						●				
	あんぐり Kyoto Style Kitchen	100	創作和食	日 翌日が祝日の場合は営業	3000円~	3780円			●	●				●	●		●		
	居酒屋 すず菜	103	居酒屋	日	2500円~	5000円~		●	●										
	オステリア尾﨑	102	イタリアン	月	3500円~	無	●	応相談			●						●	●	

【眺めがいい】川沿いや高いところに立地しているなど　【京都らしい】町家、京都らしいメニューがあるなど　【子供連れ歓迎】子供連れの来店が多いなど　【夜遅】ラストオーダーが23：00以降　【駅近】最寄り駅まで徒歩5分以内　【大バコ】最大宴会人数鵜が40名以上

祇園エリア

	店名	ページ	ジャンル	定休日	平均予算	コース	カード利用	飲み放題	アサヒ	キリン	サントリー	サッポロ	その他	眺めがいい	京都らしい	子供連れ歓迎	夜遅	駅近	大バコ
か	祇園 晩餐 京色	73	和食	日	5000円~	6000円~	●	●		●					●		●	●	
	祇園 ひょうたん	73	和食	日	5000円~	5400円	●	●	●						●		●		●
	祇園 べんがら	72	和食	日 連休の場合は最終日休	9000円~	6500円~	●	●			●				●			●	
	祇園MAVO	66	フレンチ	火	1万8000円	昼7128円 夜1万4256円	●			●					●				
	祇をん豆寅	69	創作和食	無休	1万1000円	昼4536円~ 夜9504円	●			●	●				●				
	京都祇園 天ぷら八坂圓堂	68	天ぷら	無休	1万円~	昼5940円 夜1万800円	●		●	●	●			●	●			●	
	京家きよみず 祇をん新橋	76	和食	日 祝日の月	4000円~	3500円~	●	●				●			●		●		
	KENZO ESTATE WINERY 祇園店	67	ワインバー・レストラン	無休	8000円~	6912円~	●								●		●	●	
さ	酒菜 栩栩膳	69	創作和食	不定休	5500円~	5000円~		●				●			●				
た	豆水楼 祇園店	78	豆腐料理	不定休	6000円~	4536円	●	●			●				●				
	東北家	78	中華	月 祝日の場合は営業	2000円~	2500円		●	●	●								●	●
な	肉割烹 安参	70	肉料理	日、祝日	1万2000円	無						●			●				
は	百香居	75	中華	日、祝日	6000円~	5800円~	●		●	●	●	●			●				
	フレンチ祇園バル 丸橋 川端店	74	フレンチ	不定休	3500円~	3758円~	●	●							●		●	●	
	本格手打ち冷麺 京風韓国酒場 アジョシ 祇園八坂本店	79	韓国料理	水	3000円~	4500円	●	●									●	●	
や	山地陽介	65	フレンチ	月 他月2日不定休	1万3500円	昼5670円~ 夜1万2420円~	●			●					●				
	遊亀	75	居酒屋	日、祝日	3000円~	4800円~		●				●					●	●	●
わ	和牛焼肉 徳	79	焼肉	月 祝日の場合は営業	7000円~	6000円	●	●						●			●	●	

京都駅エリア

	店名	ページ	ジャンル	定休日	平均予算	コース	カード利用	飲み放題	アサヒ	キリン	サントリー	サッポロ	その他	眺めがいい	京都らしい	子供連れ歓迎	夜遅	駅近	大バコ
あ	アイリッシュパブ Man in the Moon 京都駅店	87	ビアパブ	無休	1000円~	無			●			●	●				●	●	
	アダン京都駅店	90	沖縄居酒屋	無休	3200円~	3250円~	●	●									●	●	
	伊酒場 伊晃庵	90	居酒屋	無休	3500円~	2000円~	●	●								●	●		
	石窯バル CENTRO	87	イタリアン	火	4300円~	5000円~	●	●					●				●	●	
	el Pollo	86	スペイン料理	無休	4000円~	4500円~	●	●					●					●	●
	お好み焼 あらた	95	お好み焼	日	2500円~	無				●						●			

逆引きインデックス

【眺めがいい】川沿いや高いところに立地しているなど　【京都らしい】町家、京都らしいメニューがあるなど　【子供連れ歓迎】子供連れの来店が多いなど　【夜遅】ラストオーダーが23：00以降　【駅近】最寄り駅まで徒歩5分以内　【大バコ】最大宴会人数鶴が40名以上

河原町・木屋町・先斗町エリア

	店名	ページ	ジャンル	定休日	平均予算	コース	カード利用	飲み放題	アサヒ	キリン	サントリー	サッポロ	その他	眺めがいい	京都らしい	子供連れ歓迎	夜遅	駅近	大バコ
は	バイタルサイン	44	創作料理	火 他月1日不定休	4000円～	無						●					●	●	
	Paris21ᵉ	43	フレンチ	無休	2800円～	4000円～	●	●		●							●	●	●
	FORTUNE GARDEN KYOTO	41	フレンチ	不定休	4500円～	3000円	●	●		●	●			●	●		●	●	
	ブドウヤtsk	61	ワインバル	木	3500円～	4000円～	●	●	●				●					●	
	FUNATSURU KYOTO KAMOGAWA RESORT	40	フレンチ	火	1万円～	昼6480円 夜1万800円		●						●	●				●
ま	マールカフェ	54	カフェ	無休	2500円	応相談	応相談			●				●		●			
	益や酒店	60	日本酒バル	月1日不定休	2500円	1900円～	●					●			●		●	●	
や	野菜ソムリエのお店 旬菜ダイニング 十祇家	53	創作料理	不定休	3500円～	4300円～	●	●							●	●	●	●	
	余志屋	36	和食	月	8000円	8000円			●									●	
	Yona Yona	60	創作料理	日	2500円	無				●							●	●	
ら	李南河	59	韓国料理	不定休	6000円	3650円～	●	●			●				●		●	●	
	Restaurant 信	43	フレンチ	月	8000円	8000円	●	●							●				
	れんこんや	61	おばんざい居酒屋	日、祝日の月翌日が祝日の場合は営業	3000円	無	●			●					●		●	●	

祇園エリア

	店名	ページ	ジャンル	定休日	平均予算	コース	カード利用	飲み放題	アサヒ	キリン	サントリー	サッポロ	その他	眺めがいい	京都らしい	子供連れ歓迎	夜遅	駅近	大バコ
あ	空き箱 Hanare	77	ダイニングバー	日 第2月曜 祝日	2000円～	4000円	●	●				●					●	●	
	il cipresso. 花見小路	67	イタリアン	水	1万3000円～	昼4000円 夜8000円～				●					●			●	
	in the Soup.	76	ビストロ	水	4000円	無	●		●				●	●			●	●	
か	Gastromeson CHURETA	79	スペイン料理	火 祝日の場合は営業、翌日休	4000円	5000円	●	●		●			●		●		●	●	
	祇園 石屋	78	焼肉	不定休	5000円	6000円～	●	●							●		●	●	
	祇園 鹿六	70	焼肉	日	1万円～	7500円～	●	●			●				●		●	●	
	祇園きたざと	74	割烹	火	8000円	5400円～			●	●					●			●	
	祇をん きらら	68	和食	不定休	7000円	5400円～	●	●							●		●	●	
	ぎをん 翠雲苑	77	中華	火 夜の予約は応相談	6000円	5400円～	●	●							●			●	●
	祇園 虜や	77	中華	日、祝日	4500円	6000円	●	●				●			●			●	
	祇園 馬春楼	71	桜肉料理	日 連休の場合は最終日休	9000円	7344円～	●	●			●				●			●	

逆引きインデックス

【眺めがいい】川沿いや高いところに立地しているなど　【京都らしい】町家、京都らしいメニューがあるなど　【子供連れ歓迎】子供連れの来店が多いなど　【夜遅】ラストオーダーが23：00以降　【駅近】最寄り駅まで徒歩5分以内　【大バコ】最大宴会人数が40名以上

河原町・木屋町・先斗町エリア

	店名	ページ	ジャンル	定休日	平均予算	コース	カード利用	飲み放題	アサヒ	キリン	サントリー	サッポロ	その他	眺めがいい	京都らしい	子供連れ歓迎	夜遅	駅近	大バコ
あ	Obase	45	イタリアン	水	1万円〜	昼4000円 夜8000円	●					●			●	●		●	
か	月彩	48	和食	日	6500円〜	5000円〜	●	応相談				●			●		●		
	割烹 露瑚	39	割烹	不定休	4000円〜	5500円〜	●	●			●			●	●			●	●
	上木屋町 幾松	38	京料理	不定休	1万5000円〜	昼5658円〜 夜1万4400円	●			●	●			●	●			●	●
	Cantina Arco	58	イタリアン	水	3000円〜	無	●	●	●								●	●	
	京都鴨川倶楽部	44	イタリアン	不定休	7000円〜	5500円〜	●				●			●	●			●	
	京都 中之光庵	47	蕎麦	無休	4000円〜	昼2200円〜	●				●	●		●	●			●	
	京のおへそ	48	居酒屋	水 祝日の場合は営業、翌日休	4000円〜	3500円	●	●		●				●	●				
	京料理とフレンチ 龍のひげ	42	フレンチ	月	7000円〜	4104円〜	●				●			●				●	
	御幸町ONO	50	和食	水	3500円〜	無	●			●		●		●				●	
	御幸町 純心軒	51	炭火焼・創作鉄板料理	不定休	4000円〜	3800円〜	●	●		●				●				●	
	Gottie's BEEF 四条木屋町	52	熟成肉	無休	4000円〜	5378円〜	●					●						●	
さ	栞屋一會	49	居酒屋	無休	4000円〜	4000円〜	●	●		●				●	●				
	Spain Bar Sidra	58	スペイン料理	月	3000円〜	4500円〜	●	●		●								●	
	棲家 新京極店	50	おばんざい	無休	3500円〜	4000円〜	●	●				●						●	●
	sumiyaki 燈	51	焼鳥・鶏料理	日	4500円〜	予算に合わせて要相談	●				●							●	
	炭焼ろばた 薄伽梵ハヂメ	57	和食	不定休	3500円〜	3500円〜	●			●								●	
	素福	46	ステーキ・フレンチ	不定休	1万円〜	8980円〜	●			●				●				●	
た	大傳月軒	39	中華	無休	8000円〜	5184円〜	●	●	●	●				●	●				
	髙瀬川 くりお	47	居酒屋	無休	4500円〜	3980円	●				●			●				●	
	たこ焼 京の華 京都河原町店	56	たこ焼	不定休	3000円〜	1980円〜	●				●						●	●	
	Taverna Mezzanotte	54	イタリアン	不定休	4000円〜	4000円	●			●							●	●	
	ツバクロ すっぽん食堂	56	すっぽん	不定休	3500円〜	5000円〜		●			●				●	●		●	
	点邑	37	天ぷら	火	1万円〜	1万円〜	●				●			●				●	
な	二条 有恒	35	和食居酒屋	月	7000円〜	無	●			●					●	●		●	
	熱帯食堂 四条河原町店	57	タイ・バリ料理	火	3000円〜	2700円〜	●	●		●				●				●	●

126

逆引きインデックス

【眺めがいい】川沿いや高いところに立地しているなど 【京都らしい】町家、京都らしいメニューがあるなど 【子供連れ歓迎】子供連れの来店が多いなど 【夜遅】ラストオーダーが23：00以降 【駅近】最寄り駅まで徒歩5分以内 【大バコ】最大宴会人数鶏が40名以上

烏丸・丸太町エリア

	店名	ページ	ジャンル	定休日	平均予算	コース	カード利用	飲み放題	ビールメーカー アサヒ	キリン	サントリー	サッポロ	その他	眺めがいい	京都らしい	子供連れ歓迎	夜遅	駅近	大バコ
た	馳走 いなせや	16	日本酒専門店・和食	不定休	6000円~	5400円~	●	●				●		●	●				●
	CHIFAJA 烏丸仏光寺店	29	焼肉	無休	2700円~	2484円~	●	●	●							●	●	●	●
	China Cafe & Dining 柳華	27	創作中華	月 祝日の場合は営業、翌日休	4000円~	4000円~	●	●	●	●						●			●
	CINQUE IKARIYA	11	イタリアン	月 祝日の場合は営業、翌日休	4000円~	3600円~	●	●						●	●		●	●	
	電氣食堂	19	創作料理	水	5000円~	昼3024円 夜4210円	●				●							●	
	Trattoria La Pace	15	イタリアン	不定休	4000円~	3800円~	●	●			●		●	●					
な	ニクバル ダカラ 四条烏丸店	33	肉バル	無休	4000円~	3500円~	●	●			●						●	●	
は	PASTA Collection & Bar 道月 neo	13	カジュアル イタリアン	不定休	3500円~	2500円~	●	●			●					●		●	
	Bistro waraku 四条柳馬場店	13	フレンチ イタリアン	無休	4000円~	4000円~	●	●			●					●		●	
	瓢斗	9	日本料理・しゃぶしゃぶ	無休	6000円~	3800円~	●	●							●			●	●
	Boulangerie cafe dining Robinson 烏丸	8	フレンチ イタリアン	無休	4500円~	4500円~	●	●							●			●	
	北京料理 華友菜館	27	北京料理	月	2000円~	3024円~	●									●			
	ベジテジや 四条烏丸店	30	サムギョプサル	無休	3000円~	2500円~	●	●			●					●		●	
	ベーカリー & イタリアン three* 京都三条店	14	イタリアン カフェ	月 12月は無休	3000円~	2980円~	●	●				●			●				●
	ほいっぽ	28	肉系居酒屋	月	4000円~	4500円~	●	●								●		●	
ま	松阪牛 WHAT'S	22	松阪牛焼肉	火	7500円~	8000円~	●									●		●	
	もんじゃダイニング わたたん 京都錦	31	もんじゃ焼	不定休	3500円~	3240円~	●	●							●	●	●	●	
や	ゆばんざい こ豆や 錦店	32	ゆば料理専門店	水 祝日、祝前日の場合は営業	3500円~	3600円~		●			●				●			●	
	萬	32	居酒屋	無休	2500円~	2700円~	●	●	●								●	●	
ら	LEGGIERO	11	イタリアン	日	2500円~	3500円~		●			●								

河原町・木屋町・先斗町エリア

	店名	ページ	ジャンル	定休日	平均予算	コース	カード利用	飲み放題	ビールメーカー アサヒ	キリン	サントリー	サッポロ	その他	眺めがいい	京都らしい	子供連れ歓迎	夜遅	駅近	大バコ
あ	AWOMB 西木屋町	55	手織り寿し専門店	不定休	3500円~	2970円							●		●			●	
	市場小路 寺町本店	61	居酒屋	不定休	3000円~	3500円~	●	●	●							●	●	●	
	近江牛焼肉 同 -MAWARI-	53	焼肉	第3木	3000円~	2500円~	●	●			●					●	●		
	お好み焼・もんじゃ焼 とんちんかん	59	お好み焼・もんじゃ焼	不定休	1300円~	1800円~				●						●			●

逆引きインデックス

【眺めがいい】川沿いや高いところに立地しているなど　【京都らしい】町家、京都らしいメニューがあるなど　【子供連れ歓迎】子供連れの来店が多いなど　【夜遅】ラストオーダーが23：00以降　【駅近】最寄り駅まで徒歩5分以内　【大バコ】最大宴会人数概が40名以上

烏丸・丸太町エリア

	店 名	ページ	ジャンル	定休日	平均予算	コース	カード利用	飲み放題	アサヒ	キリン	サントリー	サッポロ	その他	眺めがいい	京都らしい	子供連れ歓迎	夜遅	駅近	大バコ
あ	あかやしろ 榮	30	焼肉	無休	5000円~	3000円~	●	●	●								●	●	
	Apollo PLUS	16	居酒屋	無休	4500円~	4500円~	●	●	●						●	●	●		
	イタリアン鉄板バール 烏丸DUE	33	イタリアン鉄板バル	不定休	3000円~	4000円	●	●					●			●	●	●	
	いっかくじゅう 烏丸店	31	お好み焼・鉄板焼	不定休	3000円~	3500円~	●	●		●		●				●	●		
	浮島ガーデン 京都	14	ベジタリアン・野菜料理	不定休	4000円~	3000円~	●				●				●				
	EL BOGAVANTE 346	10	スペインバル	月曜不定休	4500円~	4050円~	●	●	●								●		
か	輝庭	19	和食居酒屋	無休	3500円~	3800円~	●	●	●						●	●	●		●
	京都酒場 AKAMARU 赤まる	21	居酒屋	無休	2800円~	3500円~	●	●	●			●			●	●	●		
	京都焼肉処 きはら	29	焼肉	無休	3500円~	3500円~	●	●	●							●		●	
	串まんま	25	焼鳥	火・第2水	3500円~	3000円~	●					●		●	●		●		
	隈本総合飲食店 MAO	7	創作料理	不定休	3500円~	2500円~	●		●								●		
	燻	18	燻製居酒屋	日	4000円~	3580円	●	●	●							●	●		
さ	酒とさかなと炭火焼 喜むつ	23	和食居酒屋	日祝日の場合は営業、翌日休	4500円~	3980円~	●	●	●						●	●	●		
	酒バル 輪っか	21	肉バル	無休	3000円~	4000円~	●	●	●								●		
	さつま知覧どり 黒焼き べっぴんや	33	鶏料理専門居酒屋	日	3500円~	4000円~	●				●						●	●	
	Sala Suite Caffe Rucola	12	イタリアンカフェ・バー	無休	3000円~	2870円~	●	●	●	●							●	●	
	旬菜いまり	32	おばんざい	火	4000円~	4000円	●					●			●		●		
	常木屋	24	焼鳥	日翌日が祝日の場合は営業	4000円~	無	●					●		●	●		●		
	食童 箸ずめ	23	創作和食	不定休	6000円~	5000円~	●	●		●		●			●		●		
	SPOON	20	創作居酒屋	不定休	3800円~	2160円~	●	●	●							●	●		
	炭火串焼き 串くら 本店	17	炭火串焼	無休	4500円~	3500円~	●	●			●			●	●		●		
	炭火ステーキ 坂井	28	ステーキ	水	1万円~	6800円~	●				●						●		
	炭火焼鳥ちゃぶや	25	焼鳥	日	3300円~	2000円~	●			●							●		
	SEKAIYA	15	カジュアルイタリアン	無休	3800円~	4000円~	●						●				●		
	膳處漢ぽっちり	26	中華	無休	8000円~	6000円~	●	●	●						●		●	●	
た	DANIEL'S Sole	12	イタリアンバル	無休	3500円~	4200円~	●	●	●								●	●	●